新时期体育教学与改革探索

姬红丽 著

北京工业大学出版社

图书在版编目（CIP）数据

新时期体育教学与改革探索 / 姬红丽著．— 北京：北京工业大学出版社，2025.7重印
　ISBN 978-7-5639-7008-7

Ⅰ．①新… Ⅱ．①姬… Ⅲ．①体育教学－教学改革－研究－高等学校 Ⅳ．① G807.4

中国版本图书馆CIP数据核字（2019）第 242798 号

新时期体育教学与改革探索

| 著　　　者：姬红丽
| 责任编辑：任军锋
| 封面设计：点墨轩阁
| 出版发行：北京工业大学出版社
　　　　　（北京市朝阳区平乐园 100 号　邮编：100124）
　　　　　010-67391722（传真）　　bgdcbs@sina.com
| 经销单位：全国各地新华书店
| 承印单位：三河市元兴印务有限公司
| 开　　本：710 毫米 ×1000 毫米　1/16
| 印　　张：12.25
| 字　　数：245 千字
| 版　　次：2021 年 10 月第 1 版
| 印　　次：2025 年 7 月第 4 次印刷
| 标准书号：ISBN 978-7-5639-7008-7
| 定　　价：45.00 元

版权所有　　翻印必究

（如发现印装质量问题，请寄本社发行部调换 010-67391106）

前　言

高校体育教学作为高校教育教学的组成部分之一，对培养德、智、体全面发展的高素质人才起着至关重要的作用。做好高校体育教学工作，不仅能够提高高校教学效率与整体水平，还能实现新时期高校体育教学培养的目标要求，亦能推动学生的身心健康发展。在新时期适当引进新型的教育理念，把创新作为高校体育教学与改革探索的主要方向，对提高高校体育教学的整体质量具有重要的现实意义。

近年来，随着体育教学改革的不断深化，各高校在不懈努力下，取得了一些成效，但高校体育教学仍然是一个相对薄弱的环节。因此，高校体育教学应当继续深化改革，改变"灌输式""填鸭式"的教学模式，注重培养和发挥学生的个性，要充分了解体育与体育教学的相关概念、发展现状以及体育教学管理的相关内容，从思想观念、教学方法、教学设计、教学主体、创新思维等方面进行改革。只有对高校体育教学进行全方位的改革和创新，才能使新时期的高校体育教学实现在教学质量上的提高。

本书第一章为绪论，主要阐述了体育与体育思想、体育教学的概念、体育教学的任务与原则，以及体育教学过程的特点、规律及发展趋势；第二章为体育教学改革的发展现状，主要阐述了体育教学的发展历程，以及体育教学的现状、存在的问题及发展建议；第三章为高校体育课堂教学与管理，主要阐述了体育课堂教学、体育课堂教学管理的方法、体育课堂教学组织与管理的内容、体育课堂教学组织与管理的案例分析；第四章为体育教学思想观念的改革，主要阐述了高校体育教学思想的演变、现代三大体育教学思想、建构主义学习理论对体育教学思想发展的影响，以及现代体育教学思想的整合、引领与发展等内容；第五章为体育教学方法体系的改革，主要阐述了常见的体育教学方法与运用、现代体育教学方法体系的构建、新时期体育教学方法的创新发展等内容；第六章为体育教学设计要素的改革，主要阐述了体育教学目标的设计、体育教学策略的设计、体育教学环境的设计、体育教学模式的设计、体育教学评价的设计等内容；第七章为新时期体育教学主体的发展，主要阐述了体育教学中教师的培养与发展、体育教学中学生的发展与管理等内容；第八章为新时期体育教学改革与创新思维，主要阐述了创新思维、创新思维的形成途径、创新思维的特征与训练、创新思维在体育教学中的应用、创新思维对体育教学的影响、基于创新思维的体育教学创新体系的构建等内容。

  为了确保研究内容的丰富性和多样性，笔者在写作过程中参考了大量理论与研究文献，在此向涉及的专家学者表示衷心的感谢。

  最后，限于笔者水平不足，加之时间仓促，本书难免存在一些疏漏，在此，恳请同行专家和读者朋友批评指正！

目　录

第一章　绪　论 ……………………………………………………………… 1
第一节　体育与体育思想 …………………………………………………… 1
第二节　体育教学的概念阐释 ……………………………………………… 7
第三节　体育教学的任务与原则 …………………………………………… 9
第四节　体育教学过程的特点、规律及发展趋势 ………………………… 22

第二章　体育教学改革的发展现状 ………………………………………… 29
第一节　体育教学的发展历程 ……………………………………………… 29
第二节　体育教学的现状、存在的问题及发展建议 ……………………… 36

第三章　高校体育课堂教学与管理 ………………………………………… 45
第一节　体育课堂教学概述 ………………………………………………… 45
第二节　体育课堂教学管理的方法 ………………………………………… 49
第三节　体育课堂教学组织与管理 ………………………………………… 66
第四节　体育课堂教学组织与管理的案例分析 …………………………… 71

第四章　体育教学思想观念的改革 ………………………………………… 75
第一节　高校体育教学思想的演变 ………………………………………… 75
第二节　现代三大体育教学思想 …………………………………………… 77
第三节　建构主义学习理论对体育教学思想发展的影响 ………………… 83
第四节　现代体育教学思想的整合、引领与发展 ………………………… 86

第五章　体育教学方法体系的改革 ………………………………………… 89
第一节　常见的体育教学方法与运用 …………………………………… 89
第二节　现代体育教学方法体系的构建 ………………………………… 94
第三节　新时期体育教学方法的创新发展 ……………………………… 95

第六章　体育教学设计要素的改革 ………………………………………… 109
第一节　体育教学目标的设计 …………………………………………… 109
第二节　体育教学策略的设计 …………………………………………… 114
第三节　体育教学环境的设计 …………………………………………… 117
第四节　体育教学模式的设计 …………………………………………… 120
第五节　体育教学评价的设计 …………………………………………… 123

第七章　新时期体育教学主体的发展 ……………………………………… 127
第一节　体育教学中教师的培养与发展 ………………………………… 127
第二节　体育教学中学生的发展与管理 ………………………………… 142

第八章　新时期体育教学改革与创新思维 ………………………………… 153
第一节　创新思维概述 …………………………………………………… 153
第二节　创新思维的形成途径 …………………………………………… 156
第三节　创新思维的特征与训练 ………………………………………… 159
第四节　创新思维在体育教学中的应用 ………………………………… 163
第五节　创新思维对体育教学的影响 …………………………………… 166
第六节　基于创新思维的体育教学创新体系的构建 …………………… 168

参考文献 ……………………………………………………………………… 173

第一章 绪 论

体育作为一种社会文化现象是随着人类社会的产生与发展而出现和不断演进的。在人类社会发展的历史进程中,体育这一社会文化现象也与其他事物的发展一样,经历了从萌芽到发展再到完善的过程,在整个社会发展过程中扮演着重要的角色。体育与教育、政治、经济等社会文明的发展密不可分。本章主要分为体育与体育思想、体育教学的概念阐释、体育教学的任务与原则,以及体育教学过程的特点、规律及发展趋势四部分。

第一节 体育与体育思想

一、体育概述

(一)体育的概念

"体育"一词,其英文是"Physical Education",指的是以身体活动为手段的教育,直译为身体的教育,简称体育。体育是人们遵循人体的生长发育规律和身体的生活规律,通过身体锻炼、技术训练、竞技比赛等方式达到增强体质、提高运动技术水平、丰富文化生活等目的的社会活动。体育可分为学校体育、竞技体育、社会体育等种类。

1. 广义的体育

体育作为一种社会现象是为满足人类的生产和生活需要,遵循人体生长发育、动作技能形成的规律,将锻炼身体作为基本手段,配合自然因素(水、日光、空气)和卫生措施,从而实现使身体得到发展、使体质得到增强、使运动的技术水平得到提升、使社会文化生活得到丰富的社会活动。国家也常用体育运动表示广义的体育。

2. 狭义的体育

狭义的体育也称学校体育，其本义是指以身体活动为手段的教育，可以将其理解为身体的教育，是借助于身体活动，使体质得到增强，使学生接受锻炼身体的知识、技能和技术，培养道德和意志品质的有目的、有计划的教育过程。体育是教育的一部分，是促进人的全面发展的一个方面。

（二）体育名词

1. 体育运动

用于提高身体素质的各种活动称为体育运动。体育运动内容丰富，有田径、球类、游泳、武术、登山、滑冰、举重、摔跤、自行车等项目。

2. 导引

像如今所说的古代保健体操，如1973年在湖南长沙马王堆三号墓出土的一幅西汉时期的帛画——"导引图"中就描绘了不同性别、年龄的人做直臂、下蹲、收腹、弯腰、扭腰等动作，动作达40种。

二、体育思想

（一）中国古代的体育思想

我国是一个有着悠久历史的文明古国。在古汉语中，"养"有"培育"的意思，"生"有"身体"的意思，那么将"养"和"生"结合到一起，即有"育体"的意思，跟现代体育意思大体相同。"养生"一词最早出自《管子》。可以说，古代养生术就相当于现代体育方法或体育相关理论。因此在研究体育方法的问题时要在中国古代"养生术"中去找它的思想基础。

中国古代流传着静、清、安、保、制、节的养生思想。孔子提出"学而忘忧"的养生学观点。其理解是在专心致志的学习中可以忘却忧愁。这些主张是儒家思想的反映，也是当时的生活条件的反映。

古代的养生观还提倡开展各种积极的身体活动进行锻炼，达到延年益寿的目的，如《吕氏春秋》的《尽数》篇中用"流水不腐，户枢不蠹"的比喻来说明。身体如果不活动，"精气"就不流通，"气"就淤积在人体的某个部位导致生病。古代养生观，同时强调养生应顺应自然，遵循自然界的规律。例如《黄帝内经》中提出，"春三月，此谓发陈，天地俱生，万物以荣，夜卧早起，广步于庭"；"夏三月，此谓蕃秀，天地之交，万物华实，夜卧早起，无厌于日"；"秋三月，此谓容平，天气已急，地今已明，早卧早起，与鸡俱兴"；"冬三月，此谓闭藏，水冰地坼，无扰乎阳，早卧晚起，必待日光"。战国时期的《吕氏春秋》的《尽数》篇中写道："天生阴阳寒暑燥湿，四时之化，万物之变，莫不为利，莫不为害。"这是告诫人们，既然四时变化对人有利有弊，那么应该认识和利用对人有利的因素，避开那些不利的因素，以使身体健康、益寿延年。

吕不韦在《贵生》篇中还写道："夫耳目鼻口，生之役也。耳虽欲声，目虽欲色，鼻虽欲香，口虽欲滋味，害于生则止。"这说明节制嗜欲是一种养生育体的方法。战国时期《黄帝内经》中指出："饮食有节，起居有常，不忘作劳。"由此可以看出，该时期已经明确了"有节""有常"的养生作用，把合乎养生之道的生活制度作为重要的体育手段了。在这些养生之道中，节欲、运动等都是手段，都是为了增强体质所用的，虽是经验之谈，但是道理明晰。

西汉中期编写的《淮南鸿烈》一书也强调了养生应顺应自然天理，克制欲念，不要过分追求物质享受。东汉初年桓谭在他的《新论》当中指出："嫁娶又不时，勤苦过度，是以身生子皆俱份，而筋骨血气不充强，故多凶短折，中年夭卒。"从这里可以看出，那个时候已经有人开始研究婚嫁有时、劳苦有度等增强体质的道理和方法了。

东汉末年的华佗认为："人体欲得劳动，但不当使极耳……体有不快，起作一禽之戏，怡而汗出，因以著粉，身体轻便而欲饮食。"华佗的"起作一禽之戏"，其目的就在于使血脉流通，增强体质。华佗所说的"不当使极"和"怡而汗出"的用意在于保证一禽之戏对身体的良好作用。可见，华佗在论及养生之道时，不仅讲究健身运动，而且涉及了保证良好效果的生理负荷标准。

东晋葛洪主张对身体要给以内修外养，修身养性，导引同行气结合。他在《抱朴子·微旨》中写道："导引不在于立名、象物、粉绘、表形、着图，但无名状也，或伸屈，或俯仰，或行卧，或倚立……皆导引也。导引疗未患之患，通不和之气，动之则百关气畅，闭之则三官血凝。"这里，葛洪不注重运动的表形立名，而是注重使百关气畅、通不和之气，把这些作为养生的重要规律。

随着社会生产力的发展，人们对人体运动规律的认识逐步深入。唐代著名医学家孙思邈在《千金方》中曾明确指出四时的变化容易造成疾病，这是客观规律，但如果按照季节调节衣食住行就能防止疾病。他还主张研究体育的事应该从"养胎"做起，所以在其养生著作中写下了养胎法、育儿法等。孙思邈重视育人育体，从育体的根本需要出发制定种种育体的措施。这些都是现代体育方法学要继续发扬光大的体育内容，是实现健身育人目的的重要基础。这是因为，体育运动从生理上讲是一个消耗的过程，是异化作用占主导地位的过程，它本身不能达到增强体质的目的。运动之后的休息、合理的饮食等才可以增强体质。

宋朝蒲虔贯在《保生要录》中写道:"养生者形要小劳,无至大疲……坐不欲至倦,行不欲至劳,频行不已,然宜稍缓,即是小劳之术也。"薄虔贯提出要简化导引,追求良好的养生实效。以上这些说明了我国古代许多的养生家,在朴素唯物主义思想的影响下,强调开展适当的身体锻炼活动,注意四时季节的变化,要求衣食适度,培养良好的卫生习惯等。此外,他们还强调心情舒展、情绪安宁等心理因素对人们健康的影响,这些思想对后世的体育活动的开展都有一定的教益。

(二)无产阶级革命家的体育思想

1. 毛泽东的体育思想

《体育之研究》是我国近代体育事业发展中一件十分珍贵的文献,是毛泽东同志用"二十八画生"的笔名于1917年4月在《新青年》杂志第三卷第二号上发表的一篇文章。这篇文章引证古今中外的丰富事例,用唯物辩证的观点对体育的各项基本问题进行了精辟的分析和研究。文章论述了什么是体育的问题,指出了进行体育锻炼的目的在于增强体质,并精辟地阐述了体育是教育的一个组成部分,明确地指出了体育的直接效果在于强筋骨。文章还把过去被置之度外的开展体育运动以增强体质的本质规律和法则揭露出来。这就是现代科学体育方法学中"重效率,轻负担"的思想渊源。

2. 老一辈无产阶级革命家的体育思想

在中华人民共和国成立之初,毛泽东、刘少奇、周恩来、朱德等国家领导人,对新中国的人民体育工作给了明确指示。毛泽东同志给体育的题词是"发展体育运动,增强人民体质"。刘少奇同志的题词是"开展体育运动,增强健康,为社会主义建设服务"。周恩来同志的题词是"开展职工体育运动,推动社会主义建设事业"。朱德同志的题词是"普及人民体育运动,为生产和国防服务"。这些都是为人民体育工作指出的长远的根本方针。这些思想强有力地否定了历来本末倒置的体育思想,强调广泛地应用体育运动去增强人民的体质。要达到增强中国人民体质的目的,就需要以辩证唯物主义思想为指导,研究体育方法的具体问题。

（三）西方的体育思想

1. 古希腊思想家的体育思想

古希腊思想家对体育的价值非常重视。古希腊的思想家认为体育是教育的重要组成部分，这是对体育在教育中的价值、作用和地位的肯定。古希腊思想家柏拉图认为身体健康对幸福有重要影响。

2. 文艺复兴时期的体育思想

首先是反对宗教禁欲主义对人体健康的伤害。德国著名的宗教改革家马丁·路德对体育的作用有高度的评价。德国教育家蒙台涅高度重视体育在教育中的地位和意义，将体育和智育联系在一起。这些教育主张共同构成了人文主义教育的特点。这些学者坚持以人为中心、重视人的尊严、追求人的个性解放，在实际的教育活动中，强调激发学生的积极性和培养独立思考的精神，教育学生与自然接触、向自然学习，同时对体育的作用进行高度评价。文艺复兴时期的学者对学生的身心健康非常重视，强调积极开展体育锻炼活动。

意大利医学家和体操家麦克拉里对体操有许多论述。首先，他反对西方古代重灵魂轻身体的思想，认为应该培养身心协调发展的人，主张全面发展。同时，麦克拉里把"体操家"和"运动教练员"做了区分。他认为前者的工作是以促进人的发展为目标的，后者则是以提高运动技术水平为目标的。麦克拉里在其体操思想中还提出一个重要原理，即为实现锻炼身体的目标，使学生更容易地接受体操，要防止出现两个极端，应进行中等难度的运动。在麦克拉里看来，体操是锻炼身体的手段，其目标是强身健体。麦克拉里对体操定义的进步意义在于阐释了锻炼身体的"自觉性"。麦克拉里还根据人体操练的必要性对体操的各项原则有精深的论述，如运动要适度、连续不断地去实行、结合身体的状况去运动等，并从锻炼的效果出发，对做体操的场所、时间、顺序和负荷等方面有诸多论述。

3. 资产阶级革命时期的体育思想

在资产阶级革命时期，新兴资产阶级的教育家在对历史经验的总结中对体育的地位有了新的认识。如英国唯物主义哲学家与教育家洛克在《教育漫话》中提出了"三育说"，他认为体育是教育的基础，对"健全的精神寓于健全的身体"这一格言非常推崇，认为应将身体健康和人生幸福联系在一起。洛克认为应将体育卫生和保健活动结合在一起。在怎样实施体育锻炼这一问题上，洛克认为应认真分析严格的生活作息制度对学生的身体健康发展的影响，学生的饮食和健康应符合科学规律。他还针对时弊提出了衣服应宽大，不能穿太厚；饮食最好清淡一些，严禁饮用带刺激性的饮料等建议。此外，洛克还主张学生应在新鲜空气中锻炼身体，保证睡眠充足。

法国学者卢梭非常注重大自然对青少年身体健康发展的意义。在体育观念上，卢梭认为体育的目的是通过体育运动发展人的自然能力和个性，体育应满足学生的自然需要，促进学生的身心健康。卢梭认为教育的最大秘诀是达到身体锻炼的目的。因此，卢梭认为在教学内容的设计方面要根据学生的兴趣爱好安排活动。他强调说："大自然会有增强孩子体质并使之健壮成长的好办法。"此外，卢梭还痛斥当时法国青年妇女穿紧身衣、束腰等恶习。同时，卢梭认识到了在人的身体的不同发展阶段，其智力发展也是不同的，在教育和体育中更加重视发展学生的个性特征，这是有积极意义的。

法国大革命时期的思想家狄德罗借助唯物论观点和自然科学知识对生命和人体的物质性进行宣传。狄德罗主张要改革中等学校的教学大纲，主张对学生加强实科教育，并指出实科教育中一定要包括体育等。机械唯物主义认为所有知识都是在感觉经验中得来的，这个观点在当时影响非常广泛。在捷克教育学家夸美纽斯看来，理智中的内容来源于感觉。因此，夸美纽斯认为认识和教学的基础是感觉经验，提出了"直观性"这个教学原则，并对其进行了详细的阐述。夸美纽斯认为学校体育教育的教育计划的安排应将近代医学和卫生保健知识作为依据，如保证学生八小时睡眠时间和八小时身体锻炼时间。

资产阶级反对封建主义、反对宗教的斗争，为近代自然科学的发展扫除了障碍。在17世纪和18世纪的欧洲，生物学、人体解剖学、医学、生理学等领域取得了非常大的进步。这些领域的发展对近代体育观念和教育的发展起到了促进作用。当时的思想家积极运用医学和生理学的相关知识来表达自己的体育思想，这对体育教学的发展产生了重大影响。此外，持有唯物论思想的教育家从感觉经验论的观点出发，主张通过体育锻炼掌握运动技能。他们大力提倡学生通过自己的实际体验掌握骑马、角力、跳高、游泳等运动技术。他们提出，要学习游泳应该亲自下水，要身体健康应该到户外去活动，这样才能增强体质，促进身心发展。

斯宾塞在其著作《教育论：智育、德育和体育》中对体育有全面的表达。斯宾塞认为体育活动能够使人获得健康的身体，从而能够更好地应对竞争。在这部著作中，斯宾塞还对人的精神疲劳的问题进行了阐述，并提出了科学的锻炼措施，如根据生理学知识安排体育锻炼。

从以上内容中可以看出，欧洲资产阶级革命时期思想家已经认识到了体育锻炼能提高人的身体素质。在这种认识下，思想家将体育视为教育的重要组成部分并加以论证，这是有历史进步意义的。

4. 马克思、恩格斯的体育思想

马克思、恩格斯虽然没有系统地论述过体育方法的具体问题，但其运用辩证唯物主义论述过体育的主要目的，并对那些偏离体育方针的错误思想方法给予过尖锐的批评。

马克思在阐明体育的重要性时，着眼于体育会使劳动者的体力和智力得到全面发展。马克思认为："对儿童……应当按不同的年龄循序渐进地授以智育、体育和技术教育课程……把有振酬的生产劳动、智育、体育和综合技术教育结合起来，就会把工人阶级提高到比贵族资产阶级高得多的水平。"马克思在1867年出版的《资本论》中又进一步指出："未来教育对所有不满一定年龄的儿童来说，就是生产劳动同智育和体育相结合，它不仅是提高社会生产的一种方法，而且是造就全面发展的人的唯一方法。"这些观点说明了体育首要和基本的功能在于增强人们的体质，使广大群众身心健康，使体力与智力都得到合理充分的发展。

第二节　体育教学的概念阐释

一、教学概念

教学的突出特征在于它是一种特殊的教育活动。实际上，我国早期就有关于"教"和"学"的相关研究。在甲骨文文献中就有关于"教"和"学"的记载，如"丁酉卜，其呼以多方小子小臣其教戒""壬子丶，弗酒小求，学"就被记载于我国早期甲骨文中。然而，《尚书》中则最早出现了"教"与"学"的结合，如"上学为教；下学者，学习也。言教人乃是益已学之半也"等语句。东汉的《说文解字》中则有"教，上所施，下所效也"这样的解释。从这些文献中可以看出，在我国古代，"教学"这个名词就已经出现并使用了。

国外也有悠久的关于"教学"研究的历史，但学术界对"教学"概念的认识主要从两个方面进行理解，即微观层面和宏观层面。

在微观层面，专家和学者认为教学是教师教授和学生学习的活动。其中，教师是教学活动的引导者，是传授知识的人，学生是教学活动的主体。

在宏观层面，大部分学者认为教学是一项特殊的教育活动，是对学生进行教学以使学生获得知识的活动。

现代人类对教学的阐述，从广义上讲，教学是指导者以某种文化为对象，指导学习者进行学习的活动。在此期间，指导者不仅是教师，同时还可以是各种具有联系性的教育者；而学习者不仅指学生，同时还包括其他具有联系性的学习者。

狭义的教学就是学校教学，具体指的是教师以特定的文化为对象，引导学生共同开展教与学相结合的活动。在范围上，教学是指各级各类学校各种形式的教学，一般在家庭和社会不使用"教学"而使用"教育"。

除此之外，在教学活动中，教师扮演组织引导者的角色，这里的引导者意义有别于传统意义上的"主宰者"，这是当今时代的新概念。与此同时，"教"与"学"是相辅相成的统一体。教是学的有机结合，学是教的有机组织。通过教学，学生有计划、有步骤地在教师的指导下，掌握系统的科学文化知识和技能，从而发展智力，增强体质，培养品德和美感，形成全面的人格。

二、体育教学概念

（一）是一种活动

体育教学是一个有目的、有计划、有组织的相关体育活动的组合。学生在体育教学活动中，要学习体育理论知识和体育运动的技能，这是一个积累的过程。

（二）是一门学科

体育教学包括体育教学目标、教学思想、教学内容、教学方法、教学模式、教学评价等内容，体育教学是有机统一的整体。体育教学将发展学生的体能作为主要目标，促进学生的身体和心理健康，从而促进学生的全面发展。如今，体育已经成为学校教育中的重要学科。体育教学在提高学生的身体素质、提高学生的体育知识水平、培养学生的体育技能等方面发挥了重要作用。

（三）是教育的重要组成部分

体育教学是体育教师指导学生学习教育学、生理学、心理学、哲学等学科中的知识，将锻炼身体作为载体的有计划、有组织的活动。体育教学的目的是实现学生的全面发展，其素质教育的重要组成部分。

第三节　体育教学的任务与原则

一、体育教学的任务

（一）提高学生的运动水平

高校为国家培养优秀体育人才，这是世界竞技体育发展的一条重要途径。一些体育强国培养优秀运动员的一个共同特点是：把学校作为培养和输送优秀运动员的摇篮。高校高水平运动队是学校竞技体育的最高层次，可以充分利用高校的教育氛围、物质条件和先进的技术为国家培养杰出的体育人才。高水平运动队是对学生的综合实力和精神面貌的展示。开展学校竞技体育开创了学校向外展示的窗口，加强了学校与外界的联系。

（二）全面发展学生的身体

大学生体育锻炼的载体是体育活动。因此，开展体育活动不仅是国家教育制度的规定，也是高级专业人才全面培养的需要。然而，提高学生身心健康水平，提高学生的身体素质水平是高校体育教育的首要任务，也是高校体育教育的出发点和落脚点。所以高校应当根据学生的年龄特点，有计划、有组织、有秩序地进行各项内容的体育教学，从而达到促进学生身体正常生长发育的目的，提高学生对疾病的抵抗能力以及对外界环境的适应能力。在体育活动中，高校应开发学生的智力，充分挖掘学生的潜力，培养学生的体育欣赏能力，使得学生在心理和智力上得到全面发展。

（三）学习掌握体育的基础知识

大学阶段是学生由青少年转变为成年人的阶段，高等教育中的体育教育是促使人全面发展的重要途径。在求知欲最旺盛的大学期间，教师要使学生了解体育教育的目的、任务，以及体育教育在教育中的地位和作用，传授给学生锻炼身体的技能和运动技术，教授给学生锻炼身体的基本原理和科学知识。

（四）发展学生良好的思想品德

体育教育是文化教育中的重要组成部分，体育教学对学生有着多方面教育，且体育活动本身就有属于自己的道德规范。高校体育的教学、课外体育活动以及相关体育竞赛等，都是有目的、有组织的。而且，这些活动不仅仅是单纯的集体活动，还可以对高校学生进行思想道德教育。开展体育活动能够培养学生良好的品质和创造精神，培养遵守纪律、团结协作的体育道德作风；因势利导，全面地发展学生，使学生提高对体育的认识，养成经常参加身体锻炼的习惯，陶冶美的情操。

二、体育教学原则的含义

在分析体育教学的原则之前，首先要对与体育教学有关的概念进行明确。

"原则"的含义是"观察问题、处理问题的准绳"。教学论中对教学原则的定义是教学的基本要求和指导原理。教学原则是在教学过程的客观规律的基础上制定的，是教学工作需要遵守的基本原则和基本要求。教学过程受教学原则的指导，教师和教学管理者都需要掌握根据教学论确定的教学原则。随着教学实践的变化，教学原则也会不断发展。教学原则是对教学规律的正确反映，教师要在教学活动中贯彻教学原则，从而确保教学效果。教学规律是在教学过程中客观存在的，是教学过程中本质的联系。在教学过程中能够发现教学规律、掌握教学规律、利用教学规律，但不能创造教学规律、改变教学规律、违背教学规律。教学原则是根据教学规律制定的，是做好教学工作的基本要求。在一些方面，教学原则和教学规律是相同的，教学原则和教学规律都有指导意义。

通过对教学原则的分析，可以得出结论，体育教学原则是实施体育教学的基本要求，有以下特点。

①教学原则是指导教学活动的出发点，教师在设计教学过程时要根据教学原则设计。

②教学原则是实施教学的总调节器，在教学过程中，教师要根据教学原则对教学活动进行调节和控制。

③判断教学质量要将教学原则作为基本标准，教学质量取决于教学原则在教学活动中的贯彻情况。

三、体育教学原则起到的作用

开展体育教学工作必须要遵循体育教学原则。体育教学原则是体育教学工作的指导原理和基本要求，对体育教学工作有指导作用。

体育教学原则是体育教学过程的出发点和调节中枢。在某种程度上，体育教学原则对教学内容、教学方法和教学组织形式有决定作用。根据体育教学原则进行体育教学能够提高体育质量。反之，不遵循体育教学原则进行教学将达不到良好的教学效果。体育教学原则的重要作用，不是某个原则所能单独完成的，而是需要一个完整的体育教学原则体系以发挥整体功能。所谓教学原则体系就是指："反映教学规律的多个原则之间不是孤立分散的原理，而是有机地相互联系的组合。"形成科学完整的体育教学原则体系能够对体育教学过程发挥指导作用。不同的人对不同的体育教学规律有不同的认识，在构建体育教学原则体系的过程中，有的从社会学的角度出发，有的侧重教育学，有的偏重心理学等。就如何建立一个完整的体育教学原则体系，目前的体育教育理论界认识尚不一致。

四、体育教学的具体原则

（一）安全性原则

安全性原则是指在体育教学中教师应注意消除各种安全隐患，防止伤害事故发生，保证学生在安全的前提下学习与锻炼。在体育教学中安全性原则提出的依据是"健康第一"的指导思想。

"健康第一"的指导思想的目的是促进学生的发展。这是体育教学的安全性原则的依据。体育教学一般是在开放场地进行的，并且要使用一定的教学器材，在课堂中学生要承受一定的运动负荷，所以体育教学存在潜在的安全隐患，特别是在学生人数过多、场地过小、器材陈旧的情况下，存在很大的安全隐患。保证学生的生命安全是教育教学的工作基础，学生的健康是建设和谐校园的基础。随着人们对体育教育的重视程度越来越高，人们对学生的人身安全的重视程度也在提高。为此，在落实安全性原则时应该注意以下几个问题。

1. 加强安全教育，提高安全意识

落实安全性原则，安全意识很关键。在体育教学中师生双方都要充分认识到安全工作的重要性，增强安全意识，培养安全责任感。体育教师要有安全意识，同时要担负起责任和义务，在教学中树立"安全第一"的思想。

2. 加强课堂常规管理，安全措施得当

第一，体育教师要加强课堂常规管理。教师应要求学生规范着装，在体育课上穿着运动服，不能随身携带小刀等尖锐物品，不得佩戴胸针，及时修剪指甲。在体育课上学生要听从体育教师的指挥，遵守课堂纪律，学生之间不得嬉戏打闹。学生在课前要做准备活动，预防运动损伤。

第二，体育教师要加强课堂纪律管理。体育实践课中良好的课堂纪律是保证一堂课顺利进行的重要条件。如不经体育教师允许，学生不能自行离开，特别是在进行接力和投掷类的运动时。在教授投掷类项目时,教师要根据教学程序和教育原则进行教学,严格管理学生的位置,不让学生靠近危险区域,统一收回器材。

第三,体育教师要加强运动中安全措施的教育。体育运动中基本上每个项目、每个动作都有不安全因素,但不能"因噎废食",为保证学生安全地完成动作,体育教师应该加强学习过程中的安全运动知识和措施教育。例如运动中如果身体失去平衡,应立即向前或向后跨出一大步,来保持身体平衡。从高处往低处跳跃时要用膝盖做缓冲。此外,教师要教育学生相互帮助,共同预防安全事故。

3. 排除不安全因素,加强器材管理

第一,在运动中如果有不安全因素,教师要及时调动队伍进行场地转移。

第二,运动场地和运动器材是引发学生运动损伤的主要外部因素,在开展体育活动前,体育教师要对运动器材仔细检查,认真排查器材的安全隐患。

第三,运动器材要按规定摆放。如在跑跳类运动中不宜使用球类作为标志物,特别是往返跑等活动。如果在这类运动中使用球类作为标志物,学生可能接触球类使球类滚动,从而引发安全事故。

第四,体育教师要做好运动器材的检查工作。学校的篮球架、单双杠等器材长时间暴露在室外,容易发生老化、腐烂等问题,体育教师要对这些器材定期进行检查,避免学生在使用时发生事故。

4. 关注学生个体差异

由于学生的身体素质存在差异,对运动强度的承受能力也不同,体育教师要尽量关注到每个学生,对于体质弱的,特别是有生理疾病或有心理障碍的学生,要给予特别关照,不管是运动内容上,还是运动负荷上都要恰当安排,不能勉强进行练习,充分落实"健康第一"的指导思想,保证体育教学安全进行。

通常来说,遵循教学原则的教学活动的成功率更高;反之,违背教学原则的教学活动失败的可能性越大。随着体育教学实践的不断发展,人们对体育教学规律的认识逐渐深化,不断累积教学经验,促使体育教学原则也在不断发展。在新课程改革理念的指导下,教学模式不断丰富,不同的教学模式需要不同的教学原则来与之相适应,因此,教学原则也在不断发展。体育教师应灵活掌握和运用教学原则。

（二）因材施教原则

因材施教原则是指在体育教学中教师要面向全体学生提出统一要求，还要根据不同学生的不同特点进行有针对性的教学，将集体教学和个别教学相结合，让学生得到充分的发展。

学生的生理结构大体相同，但学生在年龄、性别和身体素质等方面存在差异。在体育教学过程中，教师要针对学生的不同特点确定训练内容、训练方法和训练强度。

1. 掌握学生一般情况和个体特点

了解学生的基本情况是因材施教的前提和基础。教师要采取调查的方式，对全体学生的身体素质、兴趣爱好、运动能力、思想品德等方面进行全面的了解。教师要分析学生之间的共同点和差异，从而在教学中采取不同的方法，因材施教。

2. 面向全体，兼顾两头

在体育教学中，教师应注重提高全体学生的运动能力。教师在制订教学计划时要对教学目标和教学要求进行确定，确定的标准以大部分学生能够达到的标准为准。同时教师要兼顾身体素质良好的学生和身体素质较差的学生。对于身体素质良好的学生，要为其提供良好的体育教学条件，对其进行特殊的体育训练，提高其专项成绩。对于身体素质较差的学生，要对其特别关照，积极为其提供专业化的指导，帮助其在原有水平上有所提高。

3. 从客观条件的实际出发

在体育教学中贯彻因材施教原则，要充分考虑教学的客观条件。地域差异、季节差异、运动场地和运动器材的差异都会对体育教学的效果有影响。因此教师在制定教学目标时，不仅要分析教材、学生的身体素质、教学方法，还要分析教学的客观条件，从而进行因材施教。

（三）循序渐进原则

为了满足体育锻炼的需求，人体组织和功能会发生变化。一般情况下，这是个循序渐进的过程。

人体的这种生理特性要求人们遵循循序渐进的体育锻炼原则。如果不遵循这个原则，不仅不能达到锻炼效果，反而会引发运动损伤。人体由静止状态进入运动状态时，在初期不能将身体的最高工作能力发挥出来，人体需要逐渐适应，这是人体的基本活动规律。在体育运动中，应坚持运动量由小到大的原则。

循序渐进原则有以下几项要求。

1. 提高教师素养

体育教师要提高自身科学文化知识水平，掌握学生的生理和心理的发展规律和各个阶段的特点，分析教材的内部系统和体育教材之间的关系。

2. 制定好教学文件

在教学过程中体育教师要制订能够切实执行的工作计划，从而确保教学活动能够顺利执行。在制订教学计划时体育教师要对教学活动中的运动项目、每节课的教学方法和教学内容进行系统的安排，逐步提高学生的能力。

3. 安排好教学内容

体育教师在教学活动中安排教学内容时要遵循由容易到困难、由简单到复杂的原则，同时要考虑各个运动项目之间的关系，根据运动项目之间的关系安排运动项目，使学生的运动技能循序渐进地提高。

4. 合理安排学生的运动负荷

对于学生的运动负荷的安排要使用波浪式提高的方式。人的身体要适应一种运动负荷需要一段时间。对于一个学年或一个学期来说，学生应有节奏地进行训练。本次课的运动负荷，应安排在前次课后的超量恢复水平上。

（四）培养兴趣原则

学生的学习兴趣在学习活动中的意义非常重要。学生对学习产生兴趣后会主动学习，将学习当作乐趣，不会对学习产生厌烦情绪。

这就要求教师在教学活动中要充分调动学生的学习积极性，培养学生的学习兴趣，从而使学生发挥学习主动性，激发学生的学习动力，使学生积极主动地学习并长久地继续下去。

1. 定向作用

兴趣对活动具有定向作用。定向作用有两层含义。

一方面兴趣能够提高学生的注意力，使学生主动将精力用于学习活动，自觉地思考所观察到的问题和所学习的内容。换句话说，学生在产生了学习兴趣后，会集中精力学习，即使受到干扰也会主动学习。

另一方面兴趣能够为学生在未来从事工作打下基础。学生对一个学科产生兴趣后会积极学习关于这个学科的各种知识，研究这个学科的各种问题，这些将为学生未来从事职业打下基础。

兴趣是人的创造性活动的起点。一个人从事的职业是由自己的兴趣爱好决定的，兴趣对学生的发展有决定作用。在学生的学习过程中，教师积极发展学生的兴趣就显得非常重要。

2. 弥补作用

弥补作用是指兴趣会弥补某些在学习上由不利因素或条件造成的影响。学习兴趣浓厚会使学生创造性地解决问题，这不仅能够提高学生的学习成绩，还能够促进学生的学习方法的改进，提高学生的学习效率。

3. 巩固作用

巩固作用是指学习兴趣浓厚的学生，对知识的记忆更加长久，对知识的理解也更加深刻，对技能的掌握更加牢固。有学者研究发现，学生在学习新的学习内容后，不对其进行复习，在一段时间后对比学习效果，兴趣浓厚的学生和没有兴趣的学生的学习效果有很大的差异，这是由于学习兴趣浓厚的学生在学习时注意力更加集中，思维更加敏捷。

4. 动力作用

兴趣是动机系统中的一个子系统，兴趣能够直接转化为动机，从而激发人进行某种活动。兴趣能够给人极大的鼓励。心理学的有关研究已经证明兴趣的推动作用确实存在。

因此，教师应当在教学活动中培养学生的学习兴趣，鼓励学生自主学习。

（五）巩固提高原则

巩固提高原则是指在体育教学中，要使学生牢固地掌握所学的基础知识、基本技术和技能，提高身体素质。

巩固提高原则的依据是运动条件反射建立与消退的生理规律。运动技术和运动技能的学习和提高需要大量反复的练习，通过反复练习形成条件反射，在大脑皮层建立动力定型。在建立了动力定型之后还要不断练习，对其进行强化，使其不断完善，否则已经建立的动力定型将会消失。

在体育教学中使用巩固提高原则的基本要求有以下几点。

1. 反复练习

指导学生反复练习，加大训练强度，强化训练。对运动的条件反射进行巩固是检测巩固提高原则的基本方法。

在体育教学中，要保证学生在课堂上有足够的时间进行练习。但需要注意的是，反复地练习不是简单地重复，而是要在练习中不断提高，改正动作中的不足和错误,让学生不断进步,从而激发学生不断练习的积极性,这样才能切实提高学生的运动技能。

2. 采用提问、竞赛等方式

采用提问、竞赛等多种方式,是贯彻巩固提高原则的有效手段。

在体育教学中使用这些方法要遵循教学目标和教学要求的指导,设计有启发性的问题。在一个阶段的学习结束后可以使用竞赛的方式,使学生在竞赛中运用学到的体育知识和体育技能。

3. 课内外结合

除课堂教学外,教师需要根据课堂教学的内容为学生布置体育作业,从而巩固课堂教学的成果。

(六)自觉积极性原则

自觉积极性原则是指在教师主导下,充分调动学生学习的自觉积极性,发挥学生的主体作用,培养学生学习的主动性和创造性,使学生把认真完成学习任务,变成自觉的行动。

要知道,人体的发展以及整个身体素质的提高是一个长期的积累过程,只靠一朝一夕的努力是达不到的,因此体育锻炼需要自觉性。而自觉积极性原则是由教师的教与学生的学的双边活动过程的教学规律决定的。毋庸置疑,教师是体育教学活动的指导者,体育教师有丰富的体育知识、体育技术和体育经验,能够满足学生的要求。教师在教学过程中居于主导地位,这体现在制订教学计划、调节和控制教学过程等方面。

学生是教学活动中的教学对象,是体育知识的接受者,是学习活动的主体。但学生的学习积极性需要教师予以激发。一旦学生有了学习积极性则能够对学习进行自主调节和控制,从而促进教学目标的实现。

因此,在教学活动中,应将教师的主导作用和学生的学习积极性结合起来,这是提高教学质量的根本保证。

在教学过程中落实自觉积极性原则有以下几点要求。

1. 了解学生基本情况

教师要掌握所有学生的基本情况和特点,要清楚地了解学生的兴趣爱好、发展需求、能力特长以及在学习中的困难。这是教师做好体育教学工作的前提条件,但能够真正了解学生是困难的。教师是师生关系中的主导者,教师要对学生进行主动的了解，使学生信任自己，这将能够促进师生之间建立良好的关系，充分调动学生的学习积极性。

2. 建立民主平等的师生关系

在体育教学过程中，教师要对学生严加要求，同时要信任和关心学生，使师生之间建立起良好的关系。平等、民主的师生关系能够激发学生的学习积极性，使学生更乐于参加体育活动。

3. 发挥教师的主导作用

学生学习的自觉性不是自发的，而是需要教师通过一些工作调动起来。因此，教师要在教学过程中充分调动学生学习的积极性，在教学过程中发挥主导作用。教师的主导作用体现在教师对知识点的讲解、对教学的组织等方面，同时也体现在为学生的学习创造良好的氛围上。

4. 培养学生自学、自练和自评的能力

自学、自练和自评的能力是学生养成经常参加体育锻炼习惯、培养终身体育锻炼意识的重要基础。教师要在教学过程中为学生创造自我锻炼、自我培养和自我发展的环境，使学生能够独立学习。

（七）身体全面发展原则

身体全面发展原则是指在体育教学过程中，教材内容的选择和安排要全面多样，使学生得到全面发展。

身体全面发展原则是在青少年的年龄特征的基础上确立的。青少年时期是人的身体生长发育的关键时期，可塑造性非常强。体育教学中使用的教材多种多样，教学手段非常丰富，这能够促进学生身体的发展和身体机能的提高。

人的身体是一个有机的整体，各个部位都需要锻炼。只对个别部位进行锻炼达不到锻炼全身的效果。人体的各个部位是相互联系的，各个部位相互促进，一些部位的发展会影响其他部位的发展。

因此，体育锻炼要坚持身体全面发展的原则，从而促进学生身体的全面协调发展。在体育教学中坚持身体全面发展的原则有以下几点要求。

1. 全面贯彻教学大纲

体育教师要认真学习体育教学大纲，在实际的教学活动中落实体育教学大纲。体育教师在制订教学计划时应对各类项目有所计划和安排，为学生身体的全面发展奠定基础。

2. 落实身体全面发展的原则

在体育课开始前要进行准备活动，教师要对准备活动进行科学安排，为学生的课前准备活动提供理想方案。体育课前的准备活动通常主要是活动全身的肌肉、关节和韧带，使学生身体的各部位在准备活动中得到伸展。在体育课程结束时教师要带领学生进行全身的放松训练。

3. 不断克服单纯从兴趣出发的倾向

教师要在体育教学中激发学生的学习兴趣，使学生乐于参加体育活动。教师要使用教学手段调动学生的学习积极性。

需要注意的是，教师要将激发学生的学习兴趣和从兴趣出发相区别。从兴趣出发是将学生的兴趣作为中心，甚至会违背体育教学大纲和体育教学原则，学生对什么感兴趣教师就教什么内容，这种做法不会得到预期效果。教师要在教学过程中主动引导学生，合理确定教学内容。

（八）直观与思维相结合原则

直观与思维相结合原则是指在体育教学过程中教师要充分运用各种直观手段调动学生的各种感官去感知事物，获得直接经验与感性认识；同时要启发学生积极思维，为知识技能的掌握奠定良好的基础。提出这一原则的依据是认识事物的规律与运动技能形成规律。体育知识与运动技能的掌握都是从建立感性认识开始的，学生从感知动作开始，在此基础上通过思维理解建立起完整、正确的动作概念，并经过反复强化，掌握体育知识与运动技能。

在教学实践中，贯彻该原则要求学生充分利用自身经验，将思想和实践结合起来。在体育教学中落实直观与思维相结合原则要注意以下几点。

1. 调动学生的各种感官感知教材

与其他学科相比，体育教学的内容、形式和方法都有不同，在体育教学中要重视直观教学。在教学中教师应该注意要运用多种直观手段让学生感知动作，教师除了进行动作示范外，还要注意运用多媒体教学或其他直观形式进行教学。

需要特别注意的是，这个原则的关键是学生有无运动体验，使学生获得本体感受是最重要的。如器材类教学要使学生获得直接感受，仅采用直观形式进行教学也是影响教学效果的，必须是直观与本体感受相结合才会取得更好的教学效果。

2. 注意直观与讲解相结合

在体育教学中，学生感知动作外部形象将直观教学作为基础，教师讲解的目的是使学生掌握动作的规律,将直观教学和讲解结合起来能够加深学生对技术动作的认识和理解。

讲解是一种教师在体育教学中运用各种语言形式向学生讲授教学任务、动作名称等,以指导学生掌握动作的基本技术、技能和进行练习的教学手段,从而使学生能够准确、完整地了解所学技术动作的全过程。直观与思维相结合原则要求教师在教学过程中既要注意运用多种直观手段,又要注意直观与讲解相结合,进行启发式教学。在课堂中教师运用最精练的语言(术语)、最短的时间,把技术动作的概念、要领,直观形象地讲明白,可以让学生在直观的基础上更加清晰地理解动作技术,加快学习的速度。

3. 积极启发学生思维

直观与思维相结合原则还要求教师在教学中要注意启发学生进行积极思维。体育课程改革要求改变教学方式,转变课程的功能。充分发挥教师的主导作用,体现学生的学习主体,使学生真正成为学习的主人,进行积极的学习。所以在体育教学中教师要注意启发学生进行积极思维。教师可以根据以下三点判断学生是否处于积极思维的状态。

第一,看学生的注意力是否集中,学生是否能够专注地投入学习中来。

第二,看情绪,看学生能否积极回答教师提出的问题。

第三,看意志,在学生遭遇困难时看学生能否积极克服困难,在困难中能否处于积极的思维状态。

(九)合理安排生理负荷原则

合理安排生理负荷原则要求要使体育锻炼和休息相结合,促进学生的全面发展。

人体的生理负荷变化存在一定的规律。在生理负荷的刺激下,人体的功能会得到改善。因此,合理控制生理负荷能够促进人体的超量恢复,使身体能够适应更大的变化。但如果生理负荷过大,人体可能会受到损害;如果生理负荷刺激不足,则不利于生理机能的发展。

贯彻和运用合理安排生理负荷原则的基本要求如下。

1. 正确处理生理负荷"量"和"强度"的关系

在体育教学中,要正确处理生理负荷的量和强度的关系,合理安排负荷量和负荷强度。

一般情况下,在体育教学中应适当为学生增加负荷量,学生的身体适应后再继续增加负荷量。在增加负荷量的过程中，负荷的强度应当逐渐下降，负荷量的增加和负荷强度的下降相互配合，更有利于学生负荷能力的提高。

2. 合理安排课程

体育教师在准备教学内容时应综合考虑教学目标、学生特点、教材性质等方面的问题，对于新授课和复习课的生理负荷的安排要有不同标准。对于不同年龄、不同性别和不同身体素质的学生，在安排生理负荷时要有不同要求。

除上述因素外，在安排学生的生理负荷时，还要考虑学生的生活习惯、营养状况、体力、当地的气候、教学环境等因素。

三、实现高校体育教育的基本要求

（一）加强科学研究

高校体育必须坚持改革，在改革中提高质量。高校要充分利用自身的优势与条件，有目的、有计划、有组织地开展体育科学研究。同时，高校要特别重视研究改革中的新动向、新问题，使科研的成果直接与改革中的问题相联系，并为深化改革高校体育服务。高校体育改革是高校教育改革的一部分，必须加强教育思想、教育内容、教育办法的研究，不断探索我国高校体育教学的规律，按照我国社会主义特色的来发展高校体育工作，从而培养更多更好的德、智、体全面发展的人才。

（二）实施科学管理

高校体育是高校整体工作的一部分，必须健全组织领导机构，形成自上而下的组织管理指挥系统，实施科学管理。在校内，必须在主管体育的校长的领导下，体育室（部）积极参与，各级行政部门、群众团体密切配合，统一认识，统一步调，才能做好高校体育工作。在具体管理工作中，要对高校体育加强计划，及时检查和总结，不断改进；要从实际出发，建立高校体育的规章制度和体育工作的评价标准，包括对大学生体质、健康测试和评估等的规定；要统筹安排，创造条件，保证体育经费、场地、器材设施得以落实，以满足高校体育的实际需要。

（三）提高教师素质

体育教师是高校体育工作的组织者和执行者，体育教师的素质水平如何直接关系到高校体育工作的开展与质量的提高。为了适应体育教育改革的发展，高校在充实人员编制的同时，对教师的知识、能力等方面的要求必须全面提高。有关部门应在工作上、生活上全面关心体育教师，帮助他们解决各种实际困难，为他们开展工作创造条件。体育教师要热爱本职工作，洁身自爱，艰苦奋斗，坚持改革，勇于创新，发扬献身精神，从而形成一支奋发向上、生机勃勃的教书育人的队伍，使高校体育工作更上一层楼。

（四）摆正高校体育的位置

体育是党的教育方针的重要组成部分，也是高等教育的重要方面之一，必须给予足够的重视。经相关实践证明，只有高校体育工作指导思想正确，位置摆对，体育活动才能广泛开展，校园才能生机勃勃，大学生才能身心健康地学习和生活。然而，受陈旧落后的传统观念的影响，还存在忽视体育的种种倾向，致使目前有的高校还未把体育摆在应有的位置，措施不力，效果不好，严重地影响了高校教育的质量。对此，高校必须进一步端正办学思想，加强领导，采取得力的措施，保证全面贯彻党的教育方针，切实开展和做好高校体育工作，促进大学生德、智、体全面发展。

（五）全面开展高校体育工作

为了实现高校体育的目的，高校应面向全体大学生，动员和组织大学生自觉地参加体育课及各种体育活动，并建立相应的规章制度，借以提供各种保证。高校必须按规定开课，改革教材教法，努力提高教学质量。由于高校体育工作的复杂性，必须将课内与课外结合，将普及与提高结合，将训练与竞赛结合，开展多种多样的体育活动，以保证大学生每天一小时的体育活动。影响大学生身心健康发展的因素是多方面的，为此，高校体育要与大学生正当的社会活动、合理的作息制度、适宜的学习负担和营养、卫生条件等方面有机地结合，使高校体育工作与其他工作协调发展。

高校要加强体育宣传，以及在体育实践中传播体育与保健知识，使大学生不断增强体育意识，把身体好与学习好、工作好统一起来，以自觉积极的行动参加体育活动。

第四节 体育教学过程的特点、规律及发展趋势

一、体育教学过程的特点

与一般课程教学相比,体育教学与其既有共同点也有不同点。其中,共同点在于体育教学、一般课程教学都属于教与学的双边活动,都是教师有计划和有目的地让学生积极且自觉地进行锻炼与学习,对一定知识技能也要有所掌握,充分发挥其认识能力,逐步使学生形成共产主义的世界观和道德意志品质的过程,在这一过程中,教师的主导作用与学生的主体作用应当是紧密结合的。其不同点则在于,一般课程教学只需要通过思维活动,让学生对相关的科学知识、技能等进行掌握,充分发挥其认识能力,而体育教学中,学生除了要对一定的体育锻炼技术和科学知识等进行掌握,还要通过各种练习发展身体,增强自身体质,以及培养自身对于社会的适应能力。体育教学过程的特点主要可分为以下几方面。

(一)体育教学过程中学生直接参与活动

在体育教学活动中,学生依靠认识活动掌握相关体育知识和技能,学生经过各种关于身体的练习,实现发展体能和增进健康的目的。体育教学的主要特点就是学生直接从事对身体的练习,通过练习各种身体姿势而展开各种思维活动,且对必要的知识、技能等进行掌握。体育教学的过程一般都是通过练习,使身体与思维活动有机结合,从而使学生掌握知识和技能,最终形成正确的情感、态度与价值观念。在实现体育课程目标的过程中,学生在身体方面是存在着明显差异的,所以,在体育教学中最应当受到重视的就是学生身体方面的差异,学校应选择适合的教学内容,确定合理的教学目标,以及对运动负荷量进行合理安排。

(二)体育教学过程中学生的身体承受运动负荷

在体育教学的过程中,学生会进行各种身体方面的练习,因此,学生的身体必然会承受运动负荷。因为运动负荷作用,学生加快了新陈代谢,也增加了能量的消耗,最终导致身体疲劳。运动刺激的大小对学生承受生理负荷是有直接影响的,除了会影响学生对体育知识和技能的掌握,还直接影响学生的身体健康。学生只有充分适应了一定的生理和心理负荷的刺激,并经过连续且适度的超负荷锻炼,才能达到强身健体的目的。

(三)体育教学过程具有动态性

体育过程是动态的。从形式上来说,这一动态过程的构成是信息的传递与交换,而体育教学过程会跟随情况的变化发生质和量方面的改变。体育教学过程的组成因素是相互作用且联系紧密的,其始终处在不断变化但也有迹可循的过程当中。体育教学的模式、方法、组织和程序选择等都是以学生的数量、心理特点、师生的知识背景等为转移的。所以,在体育教学过程中教师应根据教材内容对教学方式进行变换,如有时会用竞赛法、有时会用练习法或是让学生回答等。另外,具有动态性的过程还表现在,教师应当按照学生的言语行为、非言语行为调整体育教学的内容和形式,从而得到良好的教学效果。因此教师要尽量以动态发展的观点去解决体育教学中出现的问题。

(四)体育教学过程具有复杂性

体育教学是直接联系着学生的身心发展水平的,而学生身心发展的水平还有个别差异。在体育教学过程中,除了考虑学生在性别上的差异,教师也应考虑到每位学生个体的差异,要按照组织形式、方法的不同加以区别,从而真正满足学生的需要。学生的运动形式多样且不断变化,再加上教学方面很容易受到周围环境与气候的干扰,因此教学的组织管理工作需要进行精心的设计,否则就会变得相当复杂,而这也可以使教学的步骤、手段和组织形式等呈现出多样性。

(五)体育教学过程具有实践性

教师通过教学,不仅能够传授给学生系统的体育运动技术和知识,还能对其应用知识的能力进行培养,让存于脑海中的抽象体育知识变得具体。体育教学过程中的实践性是不同于其他教学学科的,从实践活动水平来说,其他教学学科所强调的理论联系实际,仅仅是被简化了的,且传授给学生前人已经知道或是验证过的知识才是它的目的,其一直在对科学发展中的重要实验进行重复。这种做法虽然被广泛应用在体育教学过程中,但是效果不是很理想。在体育教学过程中,整个体育教学过程就是实践的过程,它能够将教学过程中的实践性直观地反映出来,并且还能通过客观的体育实践活动反映整个教学过程。

二、体育教学过程的规律

在体育教学过程中,体育教学规律是客观存在的,它与体育教学的特殊性密切联系且会产生有规则的变化。目前,许多学者对教学规律有过总结和归纳,金钦昌、李样、于长镇在所著的《学校体育学》和《体育教学论》中普遍认为体育教学过程规律分为一般规律和特殊规律，且认为社会制约规律、认识事物规律、学生身心发展规律等，都包含在一般规律之中。

（一）社会制约规律

体育教学说到底就是培养人的过程，其会受到一定社会物质、社会需要与文化条件的影响，尤其是会被教育目标、教育内容等所制约。由于各国的国情不同，所以体育教学的内容、目标等也都不同。在我国学校教育中，体育教学是其重要的组成部分之一，同时也存在于学校体育之中，与其他学科的教学一样，都是学校教育目标得以实现的基本途径和重要手段。另外，从社会经济的文化教育、发展水平及科学技术发展层面上说，体育教学的条件与手段是更加具有依赖性的。所以，体育教学应当适应社会发展的需要，且跟随社会发展及其需要的变化而发生改变。

（二）认识事物规律

学生认识世界的一种特殊过程即教学过程。学生需要在学习与掌握体育知识和技能的同时遵循认识活动的规律。在体育教学中，教师应紧密结合学生的思维、感知与实践。其中，思维是掌握运动动作和形成理性知识的关键；感知是刚开始认识事物时的感受，也是形成表象的基础；而实践则是运用知识，增强体质，改进动作技术，对思想品德和行为进行培养的必要途径。以上这些都反映出了学生在教学过程中认识事物的客观规律。

（三）学生身心发展规律

学生是体育教学的对象，且学生的身心发展有一定规律存在。体育教学中的教学内容安排、教学目标制定和教学组织形式、方法和措施的采用等，都需要教师从学生的身心发展特点出发，因材施教，寻找适合他们体质状况与接受能力的方式，只有这样，才能提高其身心发展的水平，以及传授给他们体育知识和技能，促进学生身心全面、和谐发展。这不仅是青少年学生健康成长的需要，而且是体育教学过程的客观要求。在体育教学过程中，体育知识和技术技能的传授，影响学生身心的发展，而学生身心的发展又反过来影响体育知识和技术技能的进一步掌握。

（四）人体生理机能活动能力变化的规律

体育教学活动中的机体功能活动能力变化，是和人体相关器官系统功能有紧密联系的。教师应当组织学生反复进行练习，这样学生的生理机能的活动能力就一定会发生变化，而这样的变化是存在规律的。

每当人体开始运动时，因为机体本身存在惰性，所以人体各器官系统的机能活动能力是从较低水平逐步上升的，这样的过程我们称为逐步上升阶段。在这之后的时间范围内，人体的机能活动能力始终处于稳定状态，并且保持在最高水平，起伏不大，这一阶段我们称为稳定阶段。而人机机能活动到一定程度时就会有疲劳感，身体的机能活动能力也就会随之下降，在休息之后，身体的机能活动能力又开始恢复到安静时期的状态，这一阶段则被称为下降和恢复阶段。而人体生理机能活动能力的变化规律与身体机能活动能力的变化规律是一致的。

因为学生的身体健康状况、年龄特点、体育基础水平等都是不一样的，因此，学生的机能活动能力在上升阶段中，所耗费的时间、最高阶段的高度、稳定的时间以及承担急剧变化负荷的能力等也都是不一样的。儿童的机能活动能力特点通常表现为上升时间短而快，同时最高阶段的延续时间短，且有着较低的承担急剧变化负荷的能力；青壮年的身体机能活动能力最强；壮年以后，随着年龄的增长，身体机能活动能力又逐渐降低。随着身体训练水平的提高，可以相对缩短身体机能活动能力在上升阶段的时间，并保证延长到最高阶段。教材的性质不同，其上升坡度和最高阶段的高度也不会相同。另外，气候炎热，上升阶段所需要的时间就短；气候寒冷，上升阶段所需要的时间就应延长。体育教学过程中，必须遵循人体生理机能活动能力变化的规律，结合学生的具体情况，正确地组织与安排教学，循序渐进，最佳地完成教学任务。

三、体育教学的发展趋势

（一）新形势下学校体育教育的发展趋势

传统体育教学模式的建立主要以教师为中心，而学生一直处在被动学习的状态中。由教师设计好组织教法，学生则只需理解，在这之中的每一步教学程序都是由教师发出指令，学生按指令去做。纵观国内外出现的各种现代教学模式，它们的发展趋势之一都是对学生在教学当中的主体地位进行强调，不仅重视学生的积极性和主体性，还将教学重点放在学生的智力发展方面，培养其能力，而这就是现代教学的时代特点。

在国内外出现过的各种教学模式中，这一时代特色都是很突出的。其中，以"学"为主的教学模式就是遵循这一设想而产生的，学生由之前的"学会"变为"会学"，最终成为"终身的学习者"。

中共中央国务院于1993年颁布了《中国教育改革和发展纲要》，纲要中正式提出"素质教育"这一命题。提出的目的之一就是调动学生自主学习的积极性，在主观上进行引导，同时对我国现有的教学环境和教学体制加以改进，使新一代的中国学生真正做到德智体的全面发展。邓小平同志对教育功能进行了高度概括，那就是"教育要面向未来"，而"素质教育"这个更加深刻的要求更是逐渐引起人们的高度重视。学生在高校接受素质教育，目的是成为全面发展的高质量人才。如今世界上已经有多数国家为了适应当代科学技术发展的要求，面对教育脱离实际、学生知识单一、专业划分过窄和素质不全面的问题，由对"专才"的培养转变为对"通才"的培养。我国目前的普通体育教学模式在未来发展中，最应重视的就是学生综合能力的发展，注重引进现代科学技术成果，从而使我国的体育教学朝着各体育教学模式相互借鉴、共同发展的方向发展。

（二）从体育教学特点与功效看

我们知道，体育教学是由教师和学生所组成的双边活动，通过教师对专业技术、知识的示范讲解，有计划和有目的地对学生进行传授，使其充分掌握锻炼的方法和技术。通过教师有计划地指导，学生会产生自觉学习和练习的意识，提升运用知识的能力。另外，学生在体育教学过程中，参与练习的实践活动实际上是体力活动结合了脑力活动，它既拥有体力实践活动的特点，还能培养学生良好的心理品质。所以说，学生在体育教学中的生理、心理变化是相互作用、多种多样且非常复杂的，也是体育教学过程中个性培养、技术教学和终身教育等相互结合、相互渗透的教育过程。体育教学目标的确定离不开教学过程，教师应按照事物的客观发展规律、本质特点等来确定教学目标，从而做出合乎规律的科学安排，达到较为满意的预期结果。在对体育教学目标进行确立时，我们应当充分认识体育教学的特点，并将其作为重要依据，加深对体育教学目标的认识。

（三）从知识与能力的辩证关系看

体育教学包括德、智、体、美等几方面的内容，其具体表现在教育方针中的德育、体育和智育方面。从体育教学角度出发，"体"主要表示素质、体格、机能和健康问题,"德"是指体育教学对学生在道德、思想以及意志品质等方面的教育,"智"则是指基本的技术、知识和技能。

体育教学中的知识与能力在体育教学实践与体育课理论研究的发展基础上,其关系是越来越紧密的。想要拥有较强的运动能力,就要掌握知识技能。知识传授在体育教学中主要表现为提高运动技术能力和了解体育的基本知识,其中能力的提升主要体现在对运动的鉴赏能力方面。

第二章 体育教学改革的发展现状

随着我国现代体育教学改革的不断深化，我国体育教学取得了良好的发展成效，虽然如此，我们在肯定成绩的同时也要认识到不足与缺陷，这些不足与缺陷会对体育教学的进一步发展和学生的全面发展造成严重的影响。因此，有必要对现代体育教学的发展做进一步研究。本章主要分为体育教学的发展历程和体育教学的现状、存在的问题及发展建议两部分。

第一节 体育教学的发展历程

一、我国古代体育教学的发展

曾有史料记载，中国古代最早的学校是在奴隶社会时期出现的。夏朝的学校被人们称为"校""痒""序"等；而商朝又出现了"痒"和"大学"两级施教的学校教育，军事与宗教是其主要的教学内容，且具有学校体育教学的萌芽；到了西周时期，学校发展为"国学""乡学"两种，教学内容主要是六艺，即礼、乐、射、御、书、数，以此来培养奴隶主的贵族子弟。六艺中，"射"是指射箭的技术；"御"是指驾驭马车的技术，这些训练都是与军事技能相关的，同时具有体育的性质；而"乐"则是指舞蹈、音乐和诗歌等，其中在舞蹈里也包含着体育的意义。以上这些都是我国古代学校形成体育教学雏形的基础。

在东周时期，我国社会开始由奴隶制转变为封建制，从原来的"学在官府"转变为"学在四夷"，同时还兴起了办学之风与私人讲学。另外，这时的学校体育教学也有了很大变化，开始日奴隶制的"为政尚武"向新兴地主阶级的文武分途、文武兼学转变。春秋时期著名的思想家、教育家孔子就从文武兼学的教育思想出发，明确提出"有文章者必有武备"的主张，从而进一步深化了学校的体育教育。

秦汉以来，形成了中国古代封建社会制度，儒家思想的正统地位也开始慢慢确立，学校教育将"六经"作为主体，基本只重视德育和智育，而几乎完全忽视了体育教育。而到魏晋南北朝时期，开始盛行"清淡""玄学"之风，教育思想开始朝着重文轻武的方向发展，使学校的体育教学逐渐衰退。但同时，有些少数民族还统治着北朝各代，而他们又对身体锻炼和军事训练非常注重，所以，在一些北朝政权的学校中依然存在对军事技能的训练。

等到了唐代，统治者创设了武举制度，这样方便对军事人才进行培养与选拔。这些做法对社会的习武风气作用非常大，同时还有力地促进了学校体育教学的复兴。后来，科举制度将文举和武举分开。宋明期间，重文轻武的局面愈发严重，且开始盛行理学，这些无一不影响着学校体育教学的发展。

但政治和军事是不能被毁灭的，由于其重要性，军事教育和训练等也都相对有了新的发展，如宋朝时开始兴办武学；而明朝时，"六艺"的教育内容被恢复，并增加了习武的设备；等到清朝初期，统治者才开始更加深入地去认识武学，了解其重要性，并开始实行文武合一的教育制度，到了后期，因为军备逐渐废弛和政治的腐败，这种教育制度的发展不太乐观。

总而言之，体育教学虽然在中国古代社会起步较早，但由于重文轻武的思想和风气的影响，体育教学受重视程度较低，正规的体育教育基本上没有，这就制约了体育教学的发展，且在大部分时间内，体育教学与军事技能的训练是联系在一起的。一直到清朝末年才开始仿照欧美、日本等国家开办近代的新式学校，中国才算有了西方式的体育教学活动。

二、近代我国学制建立以后体育教学理论的沿革

（一）清朝末年我国的体育教学理论

1. 初步引进

在第一次鸦片战争之后，西方列强接踵而至，列强的豪夺给中国人带来了血的教训。不甘屈辱的中国人开始寻求强国之路，社会开始出现一系列变革。在教育领域，清政府确立了"中学为体，西学为用"的指导方针。1862年，清政府开始兴建洋务堂。在体育方面，1903年清政府颁布了《奏定学堂章程》，规定了癸卯学制，并确立了体育课程的必修地位，体育课程在各级各类学堂里得到了快速的发展。新式学堂的发展，导致各科教师极缺，技术性很强的体操教学更是突出。1906年，清朝政府命令全国扩大师范学堂名额，命令各省的师

范学堂设立体操专修课,要求五个月毕业,同时还开办了能够培养师资的体育学堂和体操专修课,由此,我国开始了培养体育师资的道路。

从1862年开始兴建洋务学堂到1906年开办专门体操专修课或体育学堂,虽然存在体操的教学,但关于体操教学理论的课程与教材在学校教育中还未出现,其他学科的教学论亦然。期间已出现了有关教学论方面的引进介绍,其中影响最大的教育专业刊物是《教育世界》。它在1901年6月创刊于上海,创刊伊始就开始系统地介绍日本学者汤本武比古所著的《教授学》,主要反映的是赫尔巴特的教学理论。除此之外,《教育世界》还介绍了西方教育家夸美纽斯、裴斯泰洛齐、第斯多惠、赫尔巴特等的教学思想。虽然有了教学理论的介绍,但教育界对教学理论仅处在接触和理解阶段,在实践教学中,教学方法还比较混乱,且教学方法因人而异,无一定程式。但是,在这些差异之中是有两个共通点的,那就是:第一,在努力接受新方法,如竭力接受班级教授之团体演讲与分班组织时,依然对中国传统的讲学方法有所保持;第二,中国的一些旧学问还并没有被视为完全没有作用,所以那些旧方法得以保存。

2. 初建体系

本阶段从1903年颁布《奏定学堂章程》到民国初期。由于在之前的洋务学堂教学理论得到一定的发展,并且西方的教育理论通过派遣留学生、翻译西方的教育著作、创建教育学刊等方式在中国奠定了一定的基础,由此,我国的教授法著作开始出现,学校教育中也出现了教学理论课程。1903年的《奏定初级师范学堂章程》中规定了"教育学"学科,分五年教学,第三学年是"教授法"。此外,我国学者还翻译了不少日本的教授法著作,如沈统翻译东基吉的《小学教授法》、山西大学堂译书院于1905年译印神保小虎的《应用教授学》、章极译田口义治的《小学教授纲要》等。

通过对日本教学理论的学习,中国学者应当时教学计划的要求开始编写教授法著作。其中有朱孔文编的《教授法通论》《初级师范学校教科书各科教授法》《小学教授法要义》等。由于受日本的影响比较深,而日本的教学理论又倾向于赫尔巴特的五段教学法,因此我国的教学论教材所体现的多是赫尔巴特的教学方法。

由于现代意义的教学理论正处于刚刚接受和引进阶段,中国的分科教学论还未出现,因此这个时期的教学理论是各个学科通用的一般教授法,且我国的体育教学仍然还依附于教学论之中,没有被分化出来。

（二）民国时期我国的体育教学理论

1. 继承清末体育教学理论

1911年10月，由资产阶级领导的辛亥革命最终爆发，其不仅推翻了清王朝的统治，同时也结束了我国长达两千多年的封建专制制度。1912年1月，以孙中山为大总统的中华民国临时政府在南京成立，临时政府一成立就设立了教育部，由蔡元培担任教育总长。同时，在成立的初期颁布了一系列法令，如《普通教育暂行办法》《普通教育暂行课程标准》等，之后又在1912年9月颁布了《小学令》与《中学令》，有着民国学制系统的结构框架被建立起来，史称"壬子学制"，这可以说是一套相对完整的教育制度。新学制的建立在体操课方面的体现是，按照学生的学段不同而制定不同的教育宗旨，并对相应的课程内容进行设置。另外，国民政府还沿用了其"军国民教育"的思想，高度重视士兵体操。

这一时期，我国体操教学无论是思想还是方法等，都几乎没有特别大的进步，都是对清朝末年教学理论的延续。其中在体育课的教学方法上，该阶段的体育教学主要以赫尔巴特教学方法为重点。

与此同时，我国的学者还专门对一些教学理论进行了编著。不管是1912年颁布的《师范学校规程》，还是1913年的《高等师范学校规程》，在这些规定中都明确要求教育学中应包含教授法。在这一时期，我国学者编写的教授法教材大概有1909年由白作霖编著、蒋维乔校订，以及商务印书馆出版的《各科教授法精义》；1913年由商务印书馆出版的《教授法原理》；1915年由钱体纯、杨宝恒编写，仇彩与蒋维乔校订，以及商务印书馆出版的《师范学校新教科书教授法》；等等。

在这一阶段中，教材中出现的体育教授法包含是在普通教授法中。就好比在蒋维乔编写的《教授法讲义》中只分成了总论和分论两部分。其中，总论讲述的是教授的意义、目的、材料和方法等；而分论则是各科教学的分类，如国文、修身、算术、地理、历史、图画、唱歌、商业和体操等。同时，蒋维乔编写的《初级师范学校教科书——各科教授法》、李步青编著的《新制各科教授法》已出现在师范类学校的教授法教材中。这些教材都是在对普通教学理论论述的基础上，就各个学科进行论述的，体育教授法包含其中。可见，体育教授法教材已经出现，但是还没有完全独立出来。

2. 全面引进吸收期

中国在五四运动之后开始进入西方教学方法的系统引进期，五四新文化运动倡导的"提倡民主,反对专制,反对旧礼教、旧道德;提倡科学,反对迷信,提倡新文学,反对旧文学,开展文学革命"是对中国教育全方位改革的推进。欧美教育家的教育思想也都实现了非常快的传播,中国也开始发展起在西方所盛行的各种教学方法。实用主义教育思想在中国被广泛传播则是在美国学者孟禄及美国实用主义教育家杜威等人先后来中国进行讲学之后。

1919年2月,陶行知发表的《教学合一》系统阐述了从"教授法"到"教学法"的理论思想,引起了当时中国教育界对教学理论的深刻探讨。之后,部分学校逐步把教授法改为教学法。与此同时,教学理论课程建设也得到了发展,1925年全国教育会联合会《新学制师范科课程标准纲要》中规定,在必修科目中要有各科教学法、普通教学法和小学各科教材研究等存在。之后,民国教育部也发布了不同的规程,来确立普通教学法和各科教学法的地位。

随着西方教学理论在中国的传播,中国学者的教学理论观点也随之发生改变。在教学方法上,由原来赫尔巴特的以教师为主导的教学理论,转变为注重学生的主体地位,教学方法由原来单一的灌输式转向以启发式教学为主,并兼顾其他教学方法。随着教育科学研究的发展,这一时期还出现了"教材及教学法"教材,这类教材分为通论和各论。通论对教材和教学方法进行总述,各论包含体育课。如1933年吴研因、吴增芥编,商务印书馆出版的《小学教材研究》;1935年吴研因、吴增芥编,中华书局出版的《小学教材及教学法》;1935年赵演编著、世界书局出版的《小学教材及教学法》;1935年朱晟旸、俞子夷编写,儿童书局出版的《新小学教材和教学法》;等等。

体育教学处于不断发展中,中国慢慢在"各科教学法"中将"体育教学法"独立出来,使之成为教学论学科的分支。1933年7月,吴蕴端编著并出版了《体育教学法》,书中分为通论和各论,是中国迄今为止被人们知道的最早的体育教学法专著,这也为后来体育教学法的独立奠定了坚实基础。1937年抗日战争爆发,该时期的体育教学理论几乎都是之前教材的延续。

三、新中国成立以来体育教学的发展

(一)1949—1957年:初创阶段

新中国成立之初,党和国家对学校体育教学工作给予了一定的关注与重视,同时也出台了一系列的指示与决定,以此对学校体育的地位进行提升,并且纠正了轻视学校体育教学的错误思想,更加重视学生的健康状况。

在之后的时间中,我国还发布了很多相关政策法规与措施,并对学校体育的目标体系进行了初步建立，形成了基本的学校体育实施措施与管理体制。例如，政务院在1951年公布了《关于改善各级学校学生健康状况的决定》，主要是对学校体育教学、卫生工作的重要性进行强调，同年，教育部在学校的必修课中加入了体育课。1952年，教育部设立体育指导处，各省、市、自治区教育行政部纷纷成立了体育机构，从而基本形成了学校体育教学管理体制。同时，教育部和国家体委还联合发布了《学校体育工作暂行规定》，明确提出了我国学校体育教育的基本目标。另外，教育部还在1953年发布了《关于中学体育成绩暂时考查办法的通知》，体育课从此被正式列入考核学科之中。之后的几年，全国又开始使用统一的体育教学大纲与教材，并出版了中小学体育教学参考书，体育教学工作由此被进一步规范。

我国政府基于苏联模式教学，并结合我国的实际情况，在1951年开始实施《体育锻炼标准》，目的是推动我国的群众体育运动，尤其是青少年的体育运动的发展。国家体委在1954年制定了《准备劳动与卫国体育制度暂行条例》，该条例对初高中毕业生要分别达到少年级标准与一级标准进行了规定，有关这一制度的实施可以说对我国学校体育教学的发展有着很大的推动作用。

为了解决新中国成立初期体育师资不足的问题，我国于1952年创办了中国历史上第一所体育学院，即华东体育学院。在这之后，我国各地先后办起体育学院六所，创办体育学校与中等体育专科学校十一所，同时还将体育系科设置在了三十八所高等师范院校中，并对在职教师的进修予以强化，这些举动都说明了我国始终坚持推动学校体育教学的发展，以及对体育教师骨干的培养。总之，学校体育在这段时期可谓实现了蓬勃发展，也为之后的发展奠定了基础。

（二）1958—1976年：曲折发展阶段

在这一阶段，体育教育由于受"左"倾思想的影响而受到制约。针对这一状况，党中央提出了"调整、巩固、充实、提高"的八字方针，并按照这一方针，学校的体育工作得到了及时的总结，并分为正反两个方面，而学校通过采取措施也使得教育得到了恢复与发展，学校教育与体育教育也因此得以回归正轨。并且，学校体育在体育课程建设、指导思想、师资队伍建设及各项体育工作措施方面都或多或少有了一些新的进展。如在1961年修订了1956年的体育教学大纲，从增强学生体质出发，明确提出学校体育教育的指导思想，还根据各地教学状况的不同将教材分成基本教材与选用教材。随着国民经济逐渐变好，学校体育也进入恢复时期，政府颁布了《青少年体育锻炼标准》，于是课外的体育活动开始有了广泛发展；之后，相关运动竞赛也都有所发展，运动训练开始恢复正常,并且学生的体质也得到了增强。与此同时,为加强体育师资建设,国家又成立了四所体育院校,为各级学校培育体育教学骨干。总之,在这段时期里,学校体育的发展十分曲折,但也取得了一定的成效,学校体育教学体系已经基本得到建立。

(三)1977年至今:新时期的发展阶段

1977年,在正确的方针政策指引下,我国渐渐开始恢复体育教学工作,同时进入一个崭新发展阶段,在这一时期中国体育教学发展主要反映在以下几个方面。

1. 体育教学改革速度加快,并进入科学发展阶段

国家接连制定了与体育相关的各项法规制度,并对全年级各类学校内部的管理体系予以健全,这已是对体育教学制度化、规范化和科学化发展的促进。在这一基础上,学校的体育体制、课程的改革与深化也处在不断推进当中。例如,教育部和国家体委于1975年联合下发了《中小学体育工作暂行规定》和《高等学校体育工作暂行规定》,明确规定了学校体育工作的基本任务、具体内容等;1978年,教育部颁布了新的中小学体育教育大纲与教材;而国务院在1990年批准颁布了《学校体育工作条例》,这使得我国真正进入法制化轨道;部分省市在1992年开始实行初中毕业生升学体育考试,全国试行则是在1998年;2002年教育部与国家体育总局联合颁布《学生体质健康标准》,进一步落实了增强学生体质的目标。这些法规的颁布与措施的实行,都在很大程度上推动了我国新时期学校体育教学的发展。

2. 师资力量培训加强,场地设施逐步完善

国家为了更好地推动教学发展,对学校体育场馆器材设备的建设与体育师资队伍的建设可谓非常重视。在体育师资队伍建设方面,党和国家为避免师资力量不足或质量不高等问题的发生,采取了很多措施。例如,在有条件的综合性大学和师范院校内开设体育系,或是扩大体育系的招生名额,且对教师加强培养;提升现有体育教师的教学质量,开办不同层次和类型的进修班与函授班;培养高质量、高学历的体育教师,从而加强学校体育研究与教学,等等。另外,在学校体育场馆的器材设备建设方面,如今其实已经有很多经济发达地区的学校具备了标准体育场,且增添了许多体育器材,因此,我国接下来应当对欠发达地区的体育场馆、器材设备等进行改善。

3. 体育教学的科学研究得到重视

为了加强学校体育的科学指导与研究，我国相继成立了中国教育学会体育研究会、中国高等教育学会体育研究会、中国体育科学学会体育研究会等十余个学校体育研究机构，并开创了很多有关学校体育的期刊，还出版了一批专著和教材，同时多次召开具有全国性质的学校学术报告会与研讨会，从不同的层次出发展开了广泛的有关学校体育的国际交流。

总而言之，现代的体育教学在进行了改革后，已然形成了其特有体系，而且正在稳步发展，但是还存在许多问题与不足，需要进一步改革与创新。

第二节 体育教学的现状、存在的问题及发展建议

一、体育教学现状

（一）体育教学目标现状

将体育教学目的作为依据而提出的预期成果就是体育教学的目标。这一预期成果有两种类型，即阶段性成果与最终成果。其中，阶段性成果是与体育教学阶段目标相对应的；而体育教学的总目标则是与后者对应的，这也是阶段目标和阶段成果的总和。而体育教学目的实现的主要标志是体育教学总目标的完成。

体育教学目标作为体育教学的灵魂，在体育教学工作中是作为出发点与最终归宿存在的，在一堂体育课中，具体实用的体育教学目标能够带来积极影响。我国长期以来树立体育教学目标时围绕的核心是增强体质、传授"三基"、培养道德品质。这些重点是对学生"体"的强调，但却忽视了"育"，即对人的培养。这种情况就会致使我们在体育教学目标的制定过程中出现含糊和笼统等问题，从而对展开与实施体育教学活动失去了明确导向。

体育教学目标的确立在新课程标准中被分为五个方面，即运动技能、运动参与、心理健康、身体健康和社会适应。同时，还以学生的特点为依据，把体育课程目标分成两类，也就是基本目标与发展性目标。其中，基本目标是进一步深化的学习目标，这一目标明确提出了大学生通过学习体育课程要具备怎样的基本素质；而发展性目标则是基于基本目标而提出的具有更高要求的目标，其不仅规定了学生所应达到的基本要求，还开始重视学生的个体差异和不同需求，这对于调动学生学习的积极性，以及解决"吃不饱"问题具有积极的影响。

在大量的调查中我们发现,体育教师把"掌握体育锻炼方法,树立终生体育意识"作为体育课程首要目标的占 82.5%,可以看出教师是非常重视学生是否掌握了好的体育锻炼方法的,同时这也能让学生进一步在学习、工作和生活中用科学的方法锻炼身体,并养成良好习惯;另外,教师将"调节情绪,培养积极乐观的生活态度"作为目标的占 70.8%,该情况说明了体育教师还是非常关注学生心理健康的,且想要通过体育教学来实现心理健康的目标;而教师将"掌握体育卫生知识,树立健康第一思想"作为目标的占 60.0%,这说明大部分体育教师还是认为学生树立健康的价值观,以及努力养成健康的生活习惯是非常有必要的。

(二)体育教学大纲现状

有很多调查结果都表明,我国普通高校的体育教师在进行教学大纲编写时,常常依据的是该学校的特点与实际情况。有些学校的占比并不高,这说明在落实普通高校体育教学指导纲要时是不够到位的,高校也没有将教育部的文件精神进行完全贯彻。

我国的相关文件曾明确指出,各校在制定教学大纲时,应当按照学校的实际情况和基本纲要进行,对教学内容也应自主选择。兴趣其实是学生在学习时的主要动力,同时其也是使教学质量提升的十分重要的保证;兴趣是作为基础存在于学生的主动性与创造性之中的,还能进一步激发学生的潜能。所以,体育教师在编写体育教学大纲时,应当更加注重增强学生的自主性,将学生的选择空间扩大,使其能够充分发挥出自身的能动性与积极性,彰显自己的独特个性。

另外,在编写大纲时,还应当保证学生每个人都可以在体育课中收获一些东西,让其能够在轻松愉悦的氛围中学习,并获得良好的情感体验与身心发展。

总而言之,高校体育教师编写大纲时要将所有可能想到的因素都考虑进来,若是仅仅基于自身院校的特点编写,那么将不会利于获得良好的教学效果。

(三)体育教学设施现状

体育教学中的物质环境因素就是场地器材,这是保证体育教学能够正常开展的物质基础。在完成体育教学任务的过程中,场地器材的质量与数量对其是有直接影响的。体育教学活动是否能够顺利展开,受其直接影响与制约的就是运动设施的完备与否。

1. 体育教师方面

认为仅有场地器材就能够满足体育教学需要的教师实际上是很少的，类似健美操、武术等项目其实并不需要很多场地器材，只要场地足够宽阔再加上一套音响就足够满足教学需求了。但是如果碰上排球、篮球这些需要大量器材的项目，学生只有人手一球才能更有机会和时间进行练习，这样一来，通过课堂就能收获良好的学习效果。

2. 学生方面

在被调查的几所院校中，认为学校场地器材能基本满足自身需要的学生有44.5%，认为现有场地器材能充分满足体育活动需要的只有19.4%，认为其完全不能满足活动需要的有36.1%。经过走访笔者发现，有些学生在体育课堂中，很多需求都是很难得到满足的，此外课外活动的时间，也并不能满足学生活动的需要。从总体上看，体育教师和学生对待学校场地器材的态度基本上是一致的，也可以看出我国大部分学校体育场地的设施条件还有待改进与完善。

（四）体育师资队伍现状

1. 体育教师年龄结构

通过调查发现，教师的年龄整体还是比较偏向老龄化的。如今随着高校的不断扩招和老教师已经到了退休年龄，学生人数在不断增加，且体育教师特别是优秀的体育教师较为缺乏，这些问题会显得更加突出，最后必然会使体育教学的质量受到影响。

2. 体育教师学历

笔者通过调查发现，我国高校体育教师的学历结构已经比之前有了很大改变。调查结果中，本科学历的教师有64.3%，硕士学历的教师有19.6%，而专科学历的教师仅有16.1%。虽然体育教师的学历有了一定提升，但是相比之下，研究生学历的体育教师还是很少的，更别说具有博士学位的，如果仍然继续这样发展下去，那么我国体育教学的发展是不太乐观的。

我国各高校面对体育教师学历层次偏低的情况，应当进一步加强体育教师的学历教育工作，引进高层次的人才，以便与社会、学校的发展相适应。高校还应为促进教师学历的提高采取有效措施，丰富体育教师的知识储备，提升体育教师的运动技能，使体育教师更好地教育学生、指导学生，充分发挥出自身的主导作用，为提高体育教学水平贡献自己的力量。

3. 体育教师培训

笔者在对体育教师的培训问题进行调查时发现，基本上外出培训的体育教师很少，即使有也只是一年一次或两次，这说明学校并没有对体育教师的培训有足够的重视，在这一方面学校的投入也很少。由于体育教师在学校中获得进修的机会太少，因此限制了体育教师的教学水平，教师的科研能力也无法得到提高。并且，由于长时间不能接受新的培训，体育教师知识储备过少，没有办法对自己的知识库进行更新，最后致使体育教学效果不佳。

体育教师职前培训的延伸就是进修和在职培训，同时这也是体育教师提升专业素养的有效手段，还是体育教师终身学习与自我完善的重要途径。继续教育是能够提高体育师资队伍的整体素质和体育教学质量的关键所在。因此，高校体育教师应当积极参与在职教育的培训，对自身知识结构进行完善与优化，并补充新知识和技能，从而提升教学水平与科研水平，进一步达到推动社会发展以及体育教学改革的要求。

二、影响我国高校体育教学发展的因素

（一）高校体育教学改革工作未能注重理论联系实际

在开展体育教学时，我国传统高校的体育教学中心常常是围绕向学生传授体育理念、知识和技能展开的，主要任务是提升学生的身体素质，但这样却会忽略培养学生的体育能力、意识和习惯等，从而致使学生只会模仿动作，而没有真正了解体育运动的内涵，在脱离了体育课堂之后没办法正确地展开体育锻炼。虽然这样的教育理念在几次体育教学改革后已经有了一些改善，但是在教学中依然会受到传统教学理念的影响，长此以往，就会使学生不再重视体育课，在今后步入社会后也不能继续坚持体育锻炼。

（二）高校体育的课程设置与模式缺乏创新

从我国目前的高校体育教学模式、课程设置方面看，传统教育课程体系的基本框架依然会对其有所影响，并且传统的教学课程形式和内容都相对陈旧，缺乏创新，这就会使学生失去对体育课的兴趣。虽然这些问题在经过多次改革之后已经逐渐得到解决了，但是还有很多因素，如器材、场地和师资等各方面会限制体育课的进行，很多体育活动始终无法融入现代体育教学中。另外，如今高校体育教学的课程设置和模式受传统教学的影响也较大，导致其学科化教学突出，并且现在很多都是注入式与填鸭式的教学模式，无法体现出以学生为

本的原则，也使得学生无法真正在体育课上感受到原本体育运动带给他们的喜悦心情。

（三）体育教学设施的配置仍有待完善

开展体育教学的一个基本条件就是体育教学设施完善，如果没有体育教学设施，那么教师的理论即便再生动形象，也没办法使学生在体育运动中收获乐趣。缺乏体育教学设施这一问题实际上也是现在大部分高校面临的难题。据不完全统计，从我国大部分高校所拥有的体育设施现状看，除了那些国家的重点高校，其他很多高校都存在体育设施配置不足的状况，哪怕是仅有几项设施也相对落后。这样的情况，除了会影响教师在教学当中的积极性，还会让学生无法获得身心上的满足，从而影响体育教学的质量。由此，在体育教学中，完善教学设施已经成了一项重点工作。

（四）体育教学评价内容与标准过于单一

体育教学评价内容与标准过于单一是在我国高校体育教学发展中至关重要的问题。学校在制定体育评价标准时，常以传统的跳得高、跑得快和跳得远作为标准，但往往对体育本身具有的社会效能有所忽略；评定体育成绩时只是重视学生的运动能力和身体素质，经常忽略缺乏体育天赋的学生在这一过程中的努力。所以，这样的评价方式是不科学的，不仅如此，还会打消很多学生对体育运动的积极性，在未来的教学发展中也是会起到反面作用的。

三、高校体育教学存在的问题

（一）学生体育课学习态度不积极

笔者通过对学生的调查发现，大部分学生其实对于体育课的学习并不是很感兴趣，学生只是单纯喜欢体育运动，并不是对体育课有多喜欢。分析其原因，基本上有三点。其一，学生正处在青春期，女生经常会因为生理周期而不愿意参加体育活动，还有部分学生因为身体素质较差而不能完成教师教给的动作或任务，同时还在意周围学生的眼光，所以也不愿意参与进来。其二，学生对于体育课教学的内容并不是都感兴趣的，有很多内容学生实际上也并不是很想学，所以就会产生抵触心理。其三，学生还不能全部理解体育课的真正价值，体育课对自己健康的发展有何影响也还不是很清楚，因此会将体育课变成一种负担。

（二）学校领导对体育课不重视

虽然体育课在教学中的重要地位是国家一直在强调的，但是依旧会有学校的领导认为体育课只是学生做做广播体操或是跑跑跳跳就可以了，从而对体育课并不注重。学校最注重的还是升学率的问题，因此会将更多的教学重点放在升学率的提升上，而忽略提高学生的体质健康水平。学校领导对体育课的态度，将直接影响体育教师和学生参与体育课的态度。

（三）体育教学的内容与方法落后

由于受到了落后和错误的指导，体育教学的方法和内容也十分落后，导致一些高校的体育教学贯穿了体育竞技的内容，缺少了趣味性，并且大部分采用的是以严肃为主的教学方法，要想引起学生的兴趣是很难的。在许多教材中体育动作的难度是很大的，因此一般学生是很难到达这种水平的。此外，还有部分学校并没有相应的体育设施和器材，所以就会使得教学过程过于空洞，而传统的教学方法又始终在示范、讲解和练习当中，没有足够的新意支撑教学，这也会影响体育教学效果。

（四）体育设施不完善

体育设施不完善会导致体育教学活动无法正常且顺利地进行，这也是目前在学生的体育教学中遇到的又一难题。因为学生人数始终处于上涨趋势，所以对学校的办学要求也会更高。如今有的学校的场地是水泥地，条件稍好的学校是人工塑胶场地，场地都不大，在进行体育教学时一般都是好几个班共同使用同一场地，因此教学效果也并不理想。很多北方的学校因为冬季入冬太早，时间也过长，室内的场馆也不是很完善，因此学生在冬季的体育课就成了跑圈，而学生又对这种形式的体育课非常反感，体育设施不足的问题也因此成了阻碍体育教学发展的一个瓶颈。

（五）新旧体育教学理念存在冲突

新中国成立后，我国从苏联引入很多理念，其中就包含学校体育教学的理念。这一理念认为向学生传授专业体育技能、知识与技巧是体育教育的主要任务。而在该任务的领导之下，体育教师在教学时就会使用这种有些单一、死板的程序，快速地将各种体育知识与技能灌输给学生。这样的体育课程一般以教师为中心和主导，有些过于打压了学生的积极性，并且还忽视了培养学生的锻炼习惯。

我国应大力改革旧有的教学理念，其中首先要改变的就是体育教学的根本目的，其目的并非让学生对体育技能进行生硬的掌握，而是希望学生将自己真正喜爱的运动项目作为媒介与手段，培养其良好的体育习惯，进一步培养"终身体育"的意识，掌握自我锻炼的方法。

但是在实际中，很多体育教学理念的革新都基本呈现出了理论先行实践落后的局面，很多学校也还没有勇敢地迈出第一步，即在实际中接受改革，还是保持着旧有的体育教学理念，这就会使得在实际的体育教学中，新旧两种教学理念依旧存在冲突。

（六）体育教师科研能力不足

在大力号召体育教学改革以及全面落实义务教育、素质教育的背景下，我国的各类学校学生人数不断增加，这很容易导致师生比例失调，"扩招"的进程就会赶超师资的发展速度，最终导致学校教师超负荷工作。更不要说学校体育教师少的情况了，有一些教师除了日常上课外，还要带着运动队进行训练、或是开展俱乐部工作等，在这样的压力下，科研工作将会很难展开。此外，很多体育教师都是来自体育师范专科院校的，所以他们的文化素养是偏低的，因此面对科研问题常常力不从心，科研能力水平有待提高。

四、高校体育教学的发展建议

（一）加强宣传，改变学生的体育课观念

学校领导应提高对体育课的认识，切实地将体育课教学摆放在重要位置，同时学校也要加强对体育锻炼内容的宣传，清楚地让学生明白体育锻炼在他们学习过程中有重要的作用，帮助学生掌握科学的健身方法，理解体育的健身原理，让学生不再对体育课抱有偏见和抵触心理，且让他们主动投入体育锻炼之中。

（二）激发学生的学习兴趣

俗话说，兴趣是学习最好的导师，体育教学也是如此，学生只有在学习中产生了足够的兴趣，才能更好在学习中投入自己的全部精力。在体育教学中，教师应当让所有学生都感受到成功带来的喜悦，并通过体育教学更好地提升他们的团队意识和自信心。另外，教师还可以通过开展一些比赛和小游戏等吸引学生，激发他们的参与热情，让其正确对待比赛的输赢，并树立"胜不骄、败不馁"的体育思想，同时还要培养学生顽强拼搏的意志品质，实现体育的最终目的。

（三）加大体育场地设施的投入

体育教学中的重要保障之一就是体育器材和场地。按照体育教学的需要，高校应加大对体育经费的投入，因地制宜地兴建学校体育场馆，满足体育器材在体育课学习中的需要，并完善体育设施的配置，以便顺利展开体育教学。我国的体育教学改革仍在深入进行当中，现代化教学体系的建立，改变了传统的体育教学。但是，在教学场地、方法、观念和教师力量等方面依旧有些不足之处，需要学校进一步对其进行完善和改革，这些都是为了保证学生的体育课能够良好发展下去，从而实现真正的快乐体育指导思想。

（四）创新教学方法与评价方法

现代教育提倡使用多种教学方法进行教学，一方面，这可以体现出现代教育的科技性与时代性，而另一方面还能满足不同类型的学生在学习上的需求，这对于体育教学中要求丰富的教学内容来说更是如此。体育教学内容的丰富需要更多类型的教学方法，此外还应加强对学生练习和学习方法上的指导，以提升其自学、自练的能力。

使用评价方法可以用来检测体育教学在一个阶段中的成果。客观、科学的评价方法能够让人们准确地知道教学过程与成果信息。也只有通过这种类型的测评方法，才能清楚体育教学的展开是否真的有成效，同时也为下一阶段体育教学的进行提供参考。

在学校体育教育的实际中，大部分学校在测评教学时只是停留在将统一的量化标准作为评定指标。这种类型的测评是过于标准化和机械化的，也无法体现出人与人之间的差异。所以，在对体育成绩进行评价时，应当提倡增加特长分与进步分，以及让学生之间相互评价。争取在多元化的评价方式中，全面对学生在体育学习中的情况进行审视。

（五）着重对学生体育精神的培养

体育运动本身所具有的突出文化特征就是体育精神，同时也是人们追求的内在体验。它也是一种教育价值观，是在人们长期参与体育实践过程中发展起来的，与现代学校要求的教学目标也非常吻合，所以，为了实现体育教学目标，就必然不能忽视培养学生的体育精神。

为了培养学生良好的体育精神，还需要进一步强化对体育精神的教育，并在日常的体育教学中融入体育精神的精髓，以此来培养学生良好的价值观、人生观和体育观，使他们逐步形成持久的学习动力，促使其树立正确的学习观，进而提升学习效率和学习积极性。

第三章 高校体育课堂教学与管理

普通高校体育工作应由一个运转正常、高效的管理系统来进行具体展开。这个系统里应包括学校体育运动委员会、院系体育运动委员会、体育教学部、学生工作处、校医务室、校学生会体育部、院系学生会体育部等机构,在学校体育运动委员会领导下,各部门职责明确、协同工作,共同完成各项体育工作任务。本章主要分为体育课堂教学概述、体育课堂教学管理的方法、体育课堂教学组织与管理、体育课堂教学组织与管理的案例分析四部分。

第一节 体育课堂教学概述

一、体育课堂教学的含义

课堂不仅是学校存在的基石,还是教师人生的舞台,更是学生学习的乐园。什么是课堂教学呢?它俗称上课,在教育史上被称为班级授课制。课堂教学是一种教学组织形式,该组织形式主要根据学生年龄和受教育程度来划分班级。每个班的学生人数都是固定的,而且,教师也是固定的。教师会根据固定的课程表组织和指导整个班级。欧洲中世纪的各大学校强调个别化教学。直至中世纪末期,工商业的发展对学校人才的培养提出了挑战,在新的人才需求导向下,学校开始扩充教学内容,增加学生名额,逐渐产生了班级上课的形式。时至17世纪,身为捷克教育家的夸美纽斯,对班级授课制进行了系统的研究,自此之后,班级上课的形式继续发展,并不断得以完善。

二、体育课堂的类型

（一）理论课

1. 引导课

开学初的第一堂课在室内进行，称为引导课。引导课的任务是第一，使学生了解本学期的教学任务、教材内容、教学时数、考试项目、时间与标准；第二，使学生了解本学期的教学要求和注意问题。引导课的作用是明确任务，调动学生学习的积极性；了解考试项目、时间和标准；加强课余锻炼，取得优异成绩；学生按要求进行教学与课外体育锻炼，增强体质和提高生理机能。组织引导课的要求是讲述内容具有针对性，讲的内容因新生和老生、高年级与低年级而不同；处理好课内与课外、教学与达标的关系。

2. 基础知识课

教学大纲规定，每学期开展一次基础知识课，安排在比赛前一周。基础知识课的任务是学习比赛规则和裁判方法，提高对竞技运动的欣赏能力，了解比赛易产生的问题和解决办法。

3. 室内课

因天气而不能在运动场上课而在室内开展的课程类型有三种。第一，室内身体练习。根据人数多少、教室大小，选用可行性教材，达到锻炼身体、培养思想品质和意志品质的目的。第二，理论知识课。其任务是介绍生理卫生知识、体育卫生知识、各专业技术和战术、体育锻炼的意义与作用等。第三，前两种课程的综合运用。组织室内课的要求是根据教室大小，选用针对性的教材进行，但不应影响邻班教学。

（二）实践课

1. 新授课

新授课的任务是向学生传授新知识、新技术、新战术。新授课的组织要求是遵循学生的认识规律和运动技能形成规律，选择合理的教学方法，不断加强学生对新教材的理解和掌握；依据教材性质和学生年龄特征，科学安排教学步骤和学习难度。教学时加强重难点教学，促进学生对知识的掌握和对技术的运用，此外应注意运动负荷量的安排。新授课多用于开学第三周以后至期中考试前，以及期中考试后至期末考试前。

2. 复习课

复习课的任务是加强技术巩固与提高，掌握技术细节，根据学生的特点，建立动力定型；加强对学生进行思想品德教育，使其认真进行身体练习，使技术精益求精。复习课的组织要求是按性别和技术水平分组教学，因材施教。对技术与练习应严要求，增加运动量，提高学生的身体素质。复习课多用于开学初和学期末、单元考试前。开展复习课应注意的问题有纠正错误和多余动作，建立动力定型；运动合理量，防止过度疲劳；在全面提高身体素质的基础上，提高技术水平。

3. 综合课

综合课的任务是学习新教材的知识、技术、技能；复习学过的"三基"，全面提高学生的身体素质和生理机能；加强对学生的思想品德教育。综合课的安排原则是新教材在前，复习教材在后。综合课的组织要求是采用分组教学，并运用启发教学法。开展综合课能够促进学生的身体素质、基本活动能力的全面发展。每次课要保证运动量逐渐增加，从而完成教学大纲规定的教学任务。

4. 考核课

考核课的任务是检查学生的学习效果、技术掌握与运用程度、独立完成练习的能力、身体素质发展水平、运动成绩提高幅度、思想品德和意志品质表现程度。考核课的组织要求是要贯彻全面发展原则，加强安全教育，采取安全措施。

三、体育课堂的组织与实施

（一）体育课的准备

1. 钻研教材

首先，要研究体育教学大纲或是研究课程标准。在组织与实施体育课之前，一要，明晰学科总的教学目标、教材各单元以及每一课时的具体教学目标；二要，准确领会教学的基本要求。

其次，要研究教科书。在组织与实施体育课之前，要对教材中所涉及的重点与难点有一个全面的把握，并对其前后联系有一个清晰的了解。

2. 了解学生

教学活动必须要建立在学生实际的基础之上，只有这样才能使教学得到更好的发展。为实现这一目标，教师除了要对学生的知识基础、认知能力有一个清楚的认识之外，还要全面了解学生的身体健康状况、学习态度及其本身的个性特点和运动能力水平。

3. 设计与组织教学方法

体育教学方法的设计与组织，需要教师综合考虑多方面的因素，包括教材的性质、教学任务的要求、学生的具体情况、教学场地的器材条件，以及围绕教学目标设计出最为合理的教学方法、手段，确定教学活动的具体类型和结构。

4. 编写教案

教案，也被称为课时计划，是指教师以师生课堂上预期的教学活动为主旨而展开的设计。同时，教案是教师为实现良好的课堂效果而做的教学准备。教案的编写需要教师不仅要对教学内容和教学对象有一个清楚的认识，还要熟练掌握各种设计与组织教学的方法。教师主要根据体育课的教案来展开课堂教学，一个完整的教学方案，必然包括了诸多方面的内容，诸如教学目标、教学内容，以及本节课的教学重点、教学方法等，其中，有些教案还包括课后记录等内容。

5. 准备场地、器材

一节体育课能够顺利上好的重要物质保证就是准备好场地、器材，因此，教师不仅要充分做好场地的规划，还要做好器材的布置。

（二）体育课的具体组织与实施

第一，内容正确。这一项内容是教学任务能够得以顺利完成的重要保障，而正确的教学内容，主要体现为科学性与思想性两个方面的统一。

第二，目的明确。课堂教学的出发点以及教学活动的归宿，均是教学目的。这一内容只有教师了解是不足以支撑教学的顺利进行的，只有在学生也充分了解的前提下，才能使在教学目的引导下的教学活动能够更好地展开。

第三，教学组织严密。首先，体育教学要将"教与学"密切结合。其次，教学活动的设计除了要结构紧凑之外，还要注意科学地分配时间，以及教学效率的提高。实际上，教学的组织设计与管理设计二者之间是密切相关的。

第四，方法恰当。在展开体育教学时，要以体育教学的目的和任务为依据，要建立在学生认知和身心发展规律的基础之上，以启发式为教学指导思想，结合具体实际，选取合适的教学方式，在充分调动学生学习的积极性的同时，重视知识与发展智力相结合，重视教书与育人相结合，重视统一要求与因材施教相结合。

第二节 体育课堂教学管理的方法

一、体育课堂教学场地器材使用管理

体育活动的展开离不开一定的时间与空间，而体育场地述说起来就是运动空间的具体形式，可以说，体育场地如何对体育活动的开展有着直接的影响作月。学校的体育教学若是离开了体育课程就无法正常展开。而体育教学质量的提高，有赖于合理设计、充分利用且可以有效开发的体育场地和器材资源。学校应配备充足的体育器材，使学生合理使用体育器材，从而增强体育教学的趣味性。

（一）体育教学场地布局和使用的基本要求

第一，教育性。体育场地的设计、布置，以及使用，除了要充分体现以人为本的理念之外，还要充分体现育人为本的理念，此外，还要充分重视环境因素对学生具有的潜移默化的教育作用。

第二，趣味性。体育教学中的场地布置和利用，要建立在对学生的能力、兴趣有一个充分考虑的基础之上。同时，还要充分把握学生的心理特征，依据学生不同年龄阶段的身心特征来进行体育场地的设置和利用，只有这样，才有助于激发学生对体育运动的兴趣，进而保障体育教学的质量。

第三，安全性。体育锻炼的目的是促进身体健康，若是学生在体育锻炼的过程中，由于场地问题而受到伤害，这就与体育教学的目的相悖了，因此，体育教学的场地布局，首要考虑的问题就是安全性，应让学生在一个安全且舒适的环境中展开运动技能的学习并实现身体锻炼的目的。

第四，目标性。关于体育课程的目标体系，涉及多个学习领域，诸如身体健康、运动技能，以及心理健康等，具有多元化的特征。这一目标体系的实现有赖于运动技能的学习。因此，不管是体育场地的布局还是体育场地的使用，都要有助于教学目标的实现，尤其是要有利于学生运动技能的学习，以及身体的锻炼。体育教师要以教学内容和教学目标为出发点，来对场地进行合理安排。

（二）不同教学内容场地的布局和使用的特点与注意事项

依据体育教学内容的不同，相应的场地布局和使用的特点也是不同的，有的体育教学项目对场地的要求比较高，诸如篮球运动与网球运动；有的体育教学项目对场地的要求比较低，诸如田径运动与徒手操运动；有的体育教学项目

随处可练。对体育教师应根据不同的教学内容进行场地的布局和选择，从而提高体育的教学质量。

1. 球类教学场地布局和使用的特点与注意事项

由于受到场地面积的限制，高校的球类场地不像竞技体育场那样规范。球类项目教学活动的开展，往往固定在相关球类场地上，这些场地通常都画有固定的标志线。体育教师可以利用球类教学场地中的标志线和区域来开展教学活动。

教学场地的布局和使用需要注意以下事项。

第一，若是学校建设有两个以上球类项目的场地，这时应尽量将场地集中安排在一起，这样一来，既有助于教学活动的顺利展开，也有助于教师为学生提供有针对性的指导。

第二，教学场地要保证平整、硬度适中，以及无杂物，只有这样才能充分保证学生在运动中的安全。

第三，若是教学场地旁是校园围墙，这时就要将围墙加高，来避免一些不必要的麻烦，诸如球飞出墙外等。

第四，球类教学场地应画有固定的标志线，以此来减少教师上课的工作量，促进教学活动的展开。

第五，球类项目的设施，诸如排球网、乒乓球台等，除了要注意牢固、结实、耐用，以及美观之外，还要注意经常检查维修，以此来确保使用安全。

第六，当在较大的足球场地上进行教学时，若是不进行比赛，那么教师就要对场地做标志，明确学生的活动范围，以便教师可以有效调控教学活动。

2. 田径教学场地布局和使用的特点与注意事项

我们可以从"田径"两个字中，获得田径场地的基本特点，也就是在较大空间的空地上展开的田赛项目。田径项目往往在类似小径的跑道上展开。高校中的田赛场地要充分考虑教学的客观实际，比如，在跳远比赛中增加沙坑宽度等。

教学场地的布局和使用需要注意以下事项。

第一，适合走、跑类的教学活动展开的地面，是平坦且硬度适中的。另外，快速跑的教学，应选跑道长度在 25～30 米的跑道。

第二，耐久跑的教学场地的选择，在进行跑动路线的设计时，要因地制宜且结合实际情况。

第三，跳远、跳高的教学，场地的选择要注意落地区一定要有沙坑或者是垫子，这样可以方便教学，在教学时可以在左右相邻设置2～4个落地区。

第四，投掷项目教学的场地使用，要始终将安全放在首要位置，要确保场地的布局合理，要充分保障学生安全，尽量避免伤害事故的发生。此外，在进行投掷练习时，投掷方向应朝向无人区。

第五，在进行实心球的面对面投掷时，相对投掷的学生之间必须要留有足够距离来保证安全。

第六，当在篮球场上展开田径内容方面的教学时，要对场地的长度和宽度进行充分利用，为实现长度的增加，可以使用对角线来展开快速跑练习。

第七，若进行耐久跑教学，可根据场地实际情况来设计跑动路线，诸如利用对角线、螺旋形等多种路线，这样一来不仅符合因地制宜原则，还可以使教学活动妙趣横生。

3. 体操教学场地布局和使用的特点与注意事项

体操这一体育项目主要包括单杠、双杠、支撑跳跃，以及技巧等。其特点主要体现在以下几个方面。

第一，单、双杠是固定的体育设施，这类设施的安装多呈直线且并排安装。在体育教学中，一般情况下，学生在做观察动作或等待练习时，往往呈横队站在器械两边。

第二，支撑跳跃项目的教学场地。跳箱、山羊、垫子等器材能够移动，可以在布置使用后搬离。在使用支撑跳跃项目的教学场地时，通常情况下，以并排的方式来布置这些器材，学生在进行练习时成纵队。

第三，技巧项目的教学场地。这类场地的布置较为灵活，可以结合实际情况，如依据学生人数使用垫子布置成直线，或者是圆形、弧形等。

第四，体操教学的场地布局。这类场地的布局一般比较集中，这样有助于教师对学生进行保护和观察，同时，这一布局也有助于学生之间进行相互观察或是合作。

教学场地的布局和使用需要注意以下事项。

第一，体操练习场地的地面要无杂物，保证平坦。

第二，场地中相邻器械之间要留有足够的间隔。首先，对于支撑跳跃和技巧项目的器械，相邻器械之间要留有2～3米的间隔距离。其次，相邻单、双杠之间的间隔距离，最好在3～4米，并且设备器械周围4米以内要保证没有其他障碍物，以免影响练习。

第三，器械的安装，除了要牢固和耐用之外，在器械下方和支撑跳跃的落地区，要注意在使用前放好垫子。

综上所述，体育教学在布置相关项目的练习场地时，还要注意以下几个方面的内容。首先，教学练习场地的布置，在保证以上注意事项均得到落实的基础之上，还可以进一步考虑场地布局形式的美观性。其次，在对支撑跳跃项目的练习场地进行布置时，很多教师将其布置为圆形，在场地的四个方向各有一个器械。在教学中采用这样的布置，看起来很新鲜，但是却不利于教师对学生练习情况的观察，教师最多只能观察到两组学生，无法顾及全体学生的练习，因此，这种布局形式是不建议采用的。

4. 操、舞与武术类教学场地布局和使用的特点与注意事项

关于操、舞与武术类项目的体育教学，对场地没有特殊的要求，简单来讲就是灵活多变，简便易行。只要一片足够大的空地，就足以展开这一类的体育教学。在教学过程中教师可以以学生人数为依据，对练习的队形进行灵活的设计，以及对场地进行充分的利用。

教学场地的布局和使用需要注意以下事项。

第一，足够平坦且要有足够的空间。这类体育项目的教学，往往需要使用音乐伴奏，因此，在选择教学场地时，为避免影响到其他班级的教学，最好要远离教学区。

第二，操、舞与武术类项目教学，由于在课上需要学生高度集中注意力，因此，教学场地要选择周围干扰因素很少的地区。

第三，在教学过程中，要注意场地整洁和美观的保持与维护，创造一个另师生都可以保持身心愉悦的教学环境。

第四，若是操、舞与武术类项目教学，是在不规则的场地上进行的，这时，教师就要根据学生人数，结合场地的具体形状和大小来设计上课队形。

第五，在对操、舞与武术类项目的教学场地进行布局时。首先，保证学生能够清楚地观察到教师所做的示范动作。其次，相邻学生之间的间隔距离要充足，以避免误伤事件的发生，保证学生能正常进行练习。

二、体育课堂教学队列队形管理

队列队形练习是体育教学的重要组成部分，全体学生按照一定的队形，共同来做协同一致的动作。此外，队列练习应当严格按照指令进行。这对于培养学生的纪律性、组织性以及集体主义精神起着十分重要的作用。不仅如此，还

能使学生形成正确的身体姿势，训练学生的动作节奏感等。

（一）体育课常用队列的分类

列队练习的基本动作，包括常用动作、原地转法和行进间动作三类。概括起来为集合、立正、向右看齐、向前看、报数、稍息；向左（右）转、向后转；齐步走、正步走、跑步走、向左（右）转走、向后转走、左（右）转弯走、左（右）后转弯走等。队形练习主要有图形行进、队形变换等。

（二）体育课队列练习的教学建议

第一，提高学生的练习兴趣。有的学生会感觉队列练习单调乏味、兴趣不高。这就要求教师要以身作则，严格要求，端正学生的学习态度；善于发现并及时解决练习中发生的问题；正面教育、鼓励、表扬和帮助学生。

第二，采用多变的形式，取得最佳的练习效果。在原地、行走和跑动中，学生做各种队形练习。在检查学生的个别动作时，可以一个接一个或三四个学生分列做，便于教师检查和指导。

第三，多人示范。集体练习主要包括队列和队形练习，只有多人进行示范，最终才能达到应有的示范效果。如队列练习的"左转弯走"动作，第一列四个排头怎么走，最左边和最右边学生的脚步移动方法、转体速度、眼睛的观察等是单人示范不清的。这时教师可带领第一排或充当左边排头的学生一起示范，使学生既看到每个人的动作，又看到互相配合的排面的变化，产生立体直观的视觉效果。

第四，注意口令的运用。口令是教师完成队列队形练习的重要语言工具，是必须执行的口头命令。教师应不断提高口令技能的应用水平，提高队列练习的质量。

（三）体育课常用队形

1. 四列横队队形

四列横队这一队形在体育教学中是最为常见的一种上课集合队形，不管是上课的整队，还是在进行讲解示范时，教师基本上可以观察到所有学生，以便对教学进行组织和管理。而这种队列形式的不足之处就在于学生视线受到一定的限制，如果让前两排学生蹲（坐）下，就不会影响后面学生的视线，这样效果会更好。有些教师让女生站在前面，男生在后面，便于教师兼顾男女生，也有的教师让男生站在前面，女生在后面，这种做法便于教师更好地管理男生。

具体男女生谁在前，谁在后，要根据教师个人习惯和教学管理需要来确定。关于四列横队队形的具体队形构架，如图3-1所示。

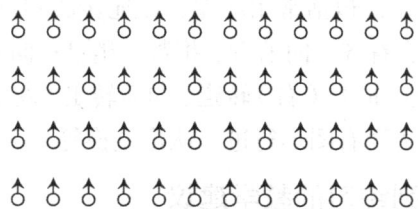

图 3-1 四列横队队形

2. 双列式队形

双列式队形，是指在四列横向队形或是四路纵向队形的基础之上，经过变化而成的一种队形，也可以是由教师直接发出指令，使学生按照一定的规定而站成的队形。双列式队形可以使学生更好地观察教师的示范讲解。例如，教师讲解和示范球类项目技术动作时，两侧的学生更容易听清和看清教师所讲解的内容和动作示范，这种教学队形在教学中经常应用。双列式队形要注意两队相隔距离不能太近，一般相隔5～6米，如果教学需要，距离可以更大一些，否则会影响学生的视线。关于双列式队形的具体队形构架，如图3-2所示。

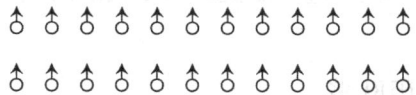

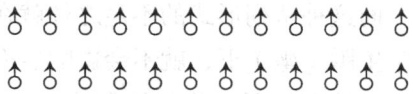

图 3-2 双列式队形

3. 八字与弧形队形

八字与弧形队形这两种队形之间，有共同之处也有不同之处。首先，在八字队形中，学生在教师位置的两侧稍后的位置站立，这一队形往往应用于投掷项目教学，这是一种较为安全的队形，同时，也有助于学生看清和听清来自教师的讲解和示范。其次，弧形队形同样可以应用于投掷教学，这一队形在跳高教学中的应用，有助于学生从不同角度来观察教师对技术动作的示范与讲解。关于八字与弧形队形的具体队形构架，如图 3-3 所示。

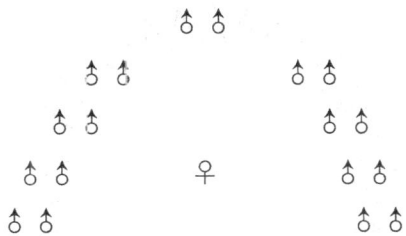

图 3-3 八字与弧形队形

4. 长方形或方形队形

在体育教学中也会经常运用长方形或方形队形，这一队形可以使教师更加迅速和便捷地组织教学活动和展开教学管理。处于这种队形的学生，无论在哪一位置都可以听清教师讲解和看清教师做的示范。例如，上技巧课时，四组练习各占一个练习区域，这样教师在场地中间就可以观察到各组的练习情况。长方形队形在篮球教学中较为常见，学生可沿篮球场边线和端线做各种跑动练习，也可以站在线上面向场内，做徒手操和模仿性练习，学生之间又能相互观察和交流。关于长方形或方形队形的具体队形构架，如图 3-4 所示。

图 3-4 长方形或方形队形

5. 圆形队形

在体育教学中,圆形队形的运用也比较广泛,这一队形有助于师生间亲和力的增强,也便于教师在课中临时集中或调动学生,可以节省不必要的时间。处于圆形队形的学生在任何位置都可以观察到教师的示范,也便于学生之间的相互观察,不仅可以调动学生的学习兴趣,还可以调动学生的积极性。例如,技巧课、舞蹈课就常用圆形队形,也可应用于课的开始部分的热身活动和结束部分的放松活动。关于圆形队形的具体队形构架,如图3-5所示。

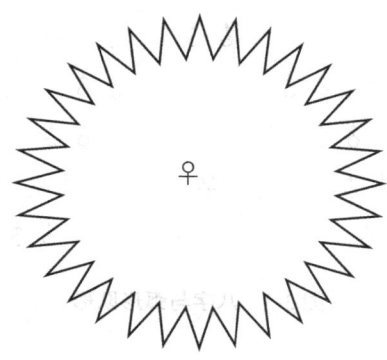

图3-5　圆形队形

6. 散点式队形

在体育教学中运用散点式队形,可以更好地展现出学生的自主性的同时,也可以更好地展现出教学的灵活性。采用散点式队形,有助于教师对个别小组和区域练习组的学生展开指导和评价。采用散点式队形可以突出学生这一主体,有助于学生学习自觉性的培养,有利于学生个性的发展。关于散点式队形的具体队形构架,如图3-4所示。

图3-6　散点式队形

三、体育课堂教学动作示范方法

（一）动作示范的含义

在体育教学中，可被教师使用的最直观的教学方法就是动作示范。动作示范简单来讲就是教师以自身的形体动作来让学生进行一种直接的观察的教学行为。通过这一方法，学生观察到动作的结构、顺序的同时，还能掌握动作的方法和要领。教师的动作示范，其主要目的是给学生提供一个可模仿的范本，让学生通过观察来初步形成对所学动作的一种视觉表象。动作示范除了可以帮助学生了解动作具有的基本特征，还可以帮助学生形成正确的动作概念。

人对某种事物产生的特殊欲求倾向集中表现为兴趣。兴趣能够促使人以积极的态度参与到事物中，同时，兴趣还能促进良好学习氛围的形成，有助于学生对教材的学习和掌握。正确、优美的示范动作不仅可以帮助学生建立正确的动作表象，还可以激发学生的学习欲望，引发学生对所学动作的学习兴趣，营造一种良好的学习氛围。例如，当学习经手倒立前滚翻的动作技术时，教师娴熟、优美的手倒立和前滚翻动作示范，不仅使学生了解了这一动作的完整形象，同时也有效激发了学生学习这一动作的热情。因此，体育教师具备完成正确动作示范的能力，一方面，有利于教学目标的完成；另一方面，有利于激发学生的学习兴趣和热情。

从某种意义上说，学生学习运动技能大多是从观察和模仿体育教师的动作示范开始的。关于运动技能示范，是体育教学中比较常见的一种教学手段，同时，这种运动技能演示方式，不仅是最方便的，也是最为经济的，因此，体育教师必须要掌握这项教学技能。

（二）动作示范的时机与位置

1. 示范时机

（1）不同示范时机的作用和意义

在体育教学中，在不同时机下展开的动作示范，其所具有的作用和意义也是不同的。教学中示范时机的问题，简单来讲就是教师在教学中选取哪一时刻来进行动作示范的问题。教师在选择适宜的示范时机时，需要建立在符合教学和学生的需要的基础之上。例如，教师在课的开始首先做一个漂亮的动作示范，可以起到吸引学生注意力和激发运动兴趣的作用；在学生练习之前进行动作示范，是为了让学生产生初步的动作视觉表象，给学生一个模仿的范例；在学生练习之中做示范，可以帮助学生纠正动作错误，进一步明确动作要领；在课的结束时做示范，具有总结评价和帮助学生形成正确的动作概念的作用，掌握好动作示范的时机，有利于充分发挥动作示范的作用。教师在不同的时机进行动作示范，首要的就是要依据不同的示范动作来选取不同的示范方法。在学生渴望看到教师示范的时候，或在学生注意力比较集中的时候进行示范，一般来说会取得较好的教学效果。因此，营造一种让学生期待示范的氛围，对于提高示范效果具有非常重要的意义。体育教师要学会准确把握示范时机，合理创造示范时机，努力提高示范效果。

（2）示范与讲解的组合方式及其效果

关于示范与讲解，是一种体育教学中最为常用的教学方法。而示范与讲解的组合方式，就是指将这二者进行结合运用的时间结构，也就是这二者出现的先后顺序。示范与讲解可能的组合方式，往往有三种模式：一是，先示范后讲解；二是，边讲解边示范；三是，先讲解后示范。那么，从学生的视角出发，示范和讲解的组合方式的问题，实际上，就是学生在进行感知动作时，对教师的示范与讲解到底是一个先听，还是一个先看的问题，归根结底也是一个直观与语言如何结合的问题。

示范与讲解二者在不同的组合方式下，产生的作用效果也是不同的，会影响学生对教师讲授的教学信息的理解和记忆。从心理学的视角出发，教师同步进行教学内容的讲解和示范，可以调动学生的视觉、听觉等感觉器官，提升学生对讲解内容的感知效果，即帮助学生将教授的内容与动作相联系，帮助学生在头脑中建立起一个清晰的动作表象，从而促进学生对教学知识和动作的记忆。

尽管这种组合方式具有较为突出的优点，但是，这一组合方式由于受到人的生理特征以及动作本身所具有的时空特征的限制，往往只适用于部分教材，大部分的体育运动技能的教学都无法实现边讲解边示范。在体育教学实践中，若是动作本身条件允许，采用边示范边讲解的组合方式，有助于学生对教学信息的理解和接受。这种组合方式是体育教师教学的首选，是一种较为理想的组合方式。而学生在学习陌生的动作技能时，若是不能实现边讲解边示范，这时要运用的组合方式，就是先示范后讲解。这种组合方式不仅可以更好、更有效地传递教学信息，还可以帮助学生加强对所学动作技术和信息的理解和记忆。

2. 示范位置

示范位置简单而言就是在体育教学中，教师进行示范的地点。关于示范位置的选择，首先，要保证所有学生都能看清教师所展示的示范动作，也就是教师示范位置的选取应注意与全体学生的距离基本一致，此外，还要注意照顾到后排的学生，使他们也都能观察到教师的示范动作。一般情况下，图3-7的示范位置是比较合理的位置。

图3-7 示范位置

图3-8的示范位置应当尽量避免使用（武术套路练习等特殊情况除外）。

图3-8 尽量避免使用的示范位置

当学生人数较多，横排面超过四排时，最好让前面两排学生蹲下，以保证后排学生能清楚地看到教师的动作示范。例如，在进行技巧动作的教学时，教师的示范位置较低，要想让学生清晰地观察到教师的示范，前排学生应该蹲下。

在教学实践中，体育教师在选择示范的时机和位置时，还要充分考虑环境因素将会对教学产生的影响。教师在室外进行动作示范时，为使学生在观察教师的示范动作时不受强烈的阳光和风沙的影响，要让学生背对太阳或是背对风向。以合理的示范位置和方向，来保证学生可以更清晰地观察到教师所示范动作的完整面貌。教师在进行示范之前，一要，对动作的三要结构和技术特点进行一个仔细的分析；二要，考虑学生观察动作的角度；三要，充分考虑学生的人数、队形分布的实际情况及其相关特点；四要，充分考虑环境因素的影响。通过对这几方面影响因素的分析来确定出一个较为合理的示范位置。

（三）动作示范方法的分类

以体育教师所展示的动作结构的完整与否为划分依据，示范方法可划分为完整示范法和分解示范法；以体育教师示范动作的正确与否为划分依据，示范方法可划分为正确、错误的示范法等；以体育教师示范的速度为划分依据，示范方法可划分为常速示范法和慢速示范法。教师在教学中使用的示范方法，应以教学的具体目的来进行确定。下面简要介绍几种动作示范方法。

1. 完整示范法

完整示范法是指教师将整个体育动作完整且连贯地演示出来，以便学生形成完整的动作表象，这不仅有助于保持学生所学动作的完整性，还有助于保持学生所学动作的连贯性。体育教师在讲授一个新的教学内容时，首先进行一个完整的动作示范，这可以充分调动学生的感官，使他们在正确完整的感性认识下，保持积极的学习热情并投入学习当中。例如，在学习支撑跳跃时，教师在讲授前先做一个正确优美的完整性示范，可以消除学生特别是女生对支撑跳跃的惧怕心理，体验到动作的美感，激发学生跃跃欲试的心理，从而积极主动地投入学习中去。又如导入跨越式跳高内容时，教师可以运用完整示范法，使学生观察到跨越式跳高的完整形象，帮助学生建立完整的动作概念。适用完整示范法的动作，往往结构比较简单，相对较难或是动作技术比较复杂的动作是不适合采用这一示范方法的，究其原因，主要是复杂动作的示范不利于学生对整体动作的把握和理解。因此，教师在采用完整示范法进行结构相对复杂的动作示范时，要注意配合相关设施来降低动作难度，并以此来对动作进行有重点的示范，避免学生对动作的学习产生压力或惧怕心理。例如，在教跑的技术时，可以先缩短跑的距离；教支撑跳跃时先降低器械的高度；教投掷项目时先降低投掷物的重量；等等。

2. 分解示范法

分解示范法是指教师根据教学的需要，将需讲授给学生的完整动作进行一种合理分解，分解为若干部分，并结合教学的重点和难点，将分解的动作进行有针对的示范的方法。教师通过这一方法来将动作环节中的较难部分进行提炼，从而方便学生对教材重点和难点的集中突破，有助于学生对动作的掌握。但是，不能忽视的是这一教学方法会破坏动作的完整性和连贯性，使动作之间的内在联系被割裂。

在教授学生学习较复杂的运动技能时，通过将动作分解为几部分的方法，来展开对动作难点和重点的逐个突破。例如，教师在课堂上示范原地正面掷实心球时，可分成两个部分，一是用力前的预备姿势。二是最后用力将实心球掷出。第一部分看起来简单，又是一个相对静止的动作，但实质上该技术动作对于后面的掷球动作来说，是一个很重要的衔接技术，学生理解和掌握了该动作，对学习正面掷实心球意义很大。因此，教师在教学时，应对每一个动作的技术环节做出合理的分解，并进行规范的示范。再例如，把快速跑的技术教学分解成起跑和起跑后的加速跑、途中跑、终点冲刺和撞线；把跳高的技术教学分解成助跑起跳、过杆落地；把支撑跳跃的技术教学分解成助跑踏跳、腾空落地；把篮球行进间投篮分解成徒手跨步、跨步接球、起跳投篮，等等。在学习过程中，教师要讲清楚每个环节在整个动作技术中的位置，使学生明确该环节和整个动作的关系。随着教学进程的发展，分解示范应越来越少，完整示范应随之增加。在体育教学中以分解示范的方式来帮助学生掌握技术细节具有重要作用，但不建议要求学生进行过多的分解练习或是关于技术细节的练习，因为这容易使体育课变成机械式的操练，不利于学生学习兴趣的保持。

3. 常速示范法

常速示范法是指教师为了让学生能够对新讲授的完整动作有一个初步的了解，因而采用正常速度的演示方法，来让学生对完整动作建立起一个完整的动作概念。这种方法可以使学生感受到运动的魅力，并调动起强烈的求知欲。例如，在太极拳的教学中，教师用正常速度将太极拳的整套动作示范一遍，让学生能够初步了解太极拳的完整动作结构，领略我国传统武术项目的精神风貌和特点，然后，再根据该次课的任务，进行其他形式的示范教学。常速示范法由于速度较快，在具体应用中，会影响学生对动作完整面貌的了解，在这种状况下，教师可以采用直观教具来进行辅助示范，即通过录像、图解等方式，来对示范和讲解进行补充。

4. 慢速示范法

在教学中采用慢速示范法的主要目的是使学生可以更为清晰地观察完整动作，通过对原来动作的速度和节奏进行减慢处理，来降低动作的难度，以便加强学生对动作关键环节的掌握。体育教师在讲授新的教学内容时，要在适当的时机针对动作的一些难点和重点，采取慢速示范法，并与讲解配合，以便学生准确把握动作要领。但是，在动作练习阶段，不要长时间停留在慢速阶段，要尽快进入常速练习，来加深学生对动作的正确理解和掌握。

5. 对比示范法

对比示范法是指，教师对所需教授的相似技术动作进行对比，或是对正误动作之间进行对比的一种示范方法，目的是加强学生的判断、分析能力。教师在教学实践中，要对所授动作的技术关键和结构有一个充分的把握，通过合理地选用对比示范，选取与所授动作相似的动作来进行对比示范，以便学生可以有效地学习动作，同时，教师通过正误对比示范，可以帮助学生正确地辨别正误动作，还能起到提前预防和纠正错误动作的作用，同时，也是学生加深对动作的正确理解和掌握的一个过程。

(四)动作示范方向与示范面

1. 示范方向

在体育教学中,当教师在示范动作时身体有位移存在时,这时示范动作位移的方向,会对示范的效果产生一定的影响,诸如快速跑、左右滑步移动,以及立定跳远等体育项目的示范,不恰当的位移方向会影响学生对相关示范动作的观察和理解。通常教师示范动作的位移不宜朝向学生或背向学生进行移动,较为恰当的位移方式是左右方向移动,如图 3-9 所示。例如,在进行快速跑、高抬腿跑、跨步跳等动作的示范时,教师应当侧对学生跑进或跳跃,使学生能观察到教师跑进的速度和动作特征。而在做篮球侧滑步的动作示范时,教师则应面对学生完成动作,使学生观察到侧滑步的动作要点。有的教师背向学生做高抬腿跑的动作示范时,此时学生只能看到教师的背影,而对高抬腿的腿部动作特征和身体姿态等却观察不到,这就失去了示范的意义。

图 3-9 示范方向

2. 示范面

示范面是教师做示范动作时自身身体动作与学生视线之间的关系。确定合理的示范面,应注意分析动作的结构、位移方向、技术要求等,还要考虑学生观察动作的角度。教学中通常可采用以下几种示范方式。

第一,正面示范。这是教师面对学生进行示范的方法。通常是显示左右和上下移动的动作,适用于一些简单易学的动作。在实际教学中,为了显示动作在左右方向上的移动和变化,多采用正面示范,如篮球防守中的左右移动、武术中的马步冲拳等。当身体绕纵轴运动时,由于身体处于运动变化之中,教师可以从正面示范开始,在不同的位置结束动作。

第二,侧面示范。这是教师用身体侧对学生做示范的方法。当身体绕横轴运动时,教师应采用侧面示范,如前滚翻、后滚翻、支撑跳跃;单杠前翻下;站位或坐位体前屈;跳远的起跳、腾空和人体在空中的移动路线;走和跑的蹬摆动作；武术的弓箭步、弓步正压腿等。为显示动作在前后方向上的移动和变化，一般多采用侧面示范，如跨栏跑的"摆动腿"上栏动作和"起跨腿"后蹬、提拉动作等。

第三，背面示范。这是教师背对学生做示范的方法。一般用于某些方向、路线变化比较复杂的动作或身体各部位配合较难的动作。如武术中的器械套路、徒手操中较复杂的全身运动、艺术体操和健身操的套路动作等，由于这些项目动作方位变化多且没有规律，因此对这些动作或套路的学习，应采用背面示范。

第四，镜面示范。这是指教师面向学生示范，示范动作的方向与学生练习方向相一致的示范法。镜面示范法通常用于动作呈左右方向，路线较为简单的徒手操、武术和舞蹈动作等。

（五）动作示范的基本要求

1. 明确目的

体育课堂中，教师的每一次示范都要带有目的性，即要有明确的要解决的问题。体育教师要依据教学目标、教学步骤，以及当时学生的实际情况，来确定所需示范的内容、方法，以及时机、位置和示范面。教学中的盲目示范只会让学生的注意力分散，不利于良好教学效果的产生。

2. 动作正确

体育课堂中教师的示范动作，必须是准确的，是学生模仿的范例。教师在进行动作示范时，不仅要正确、熟练、轻巧，还要具有一定的审美性，只有这样才有利于学生形成正确的动作概念。

3. 位置恰当

体育课堂中教师在进行动作示范时，要注意示范面的合理、恰当，尽量做到让每一位学生都能清楚地观察到教师所做的示范动作。有时，为实现示范的有效性，教师有必要及时调整位置。

4. 方向合理

教师在进行动作示范时，要保证示范动作的方向和示范面的合理，使每个学生都能观察到动作的位移方向和主要动作特征，以便模仿学习。

新时期体育教学与改革探索

四、体育课堂教学秩序的组织与管理

（一）要明确维持纪律与课堂管理的要求

1. 规范体育课堂教学常规

为使教学活动顺利进行，在教学之初，教师就要规范课堂常规，包括学生在课堂上的可做之事和不可做之事。良好的课堂教学秩序的保持，有赖于教师的防患未然与上课之初对课堂常规的严格要求。在学生适应严明的课堂管理之后，再让学生拥有更多的灵活性。

2. 及时妥善地处理课堂上的违纪行为

在教学过程中，若是学生出现违纪行为，教师在迅速反应的同时，要结合实际情况来做出正确的判断和处理。通常情况下，学生消极对待学习任务，教师可采用沉默、皱眉等方法来进行处理。相反，若是学生的违纪行为明显干扰到其他学生，这时就要立即采取处理手段，包括提示、暗示，或是制止、惩罚的方法进行处理。总而言之，教师在对违纪学生进行处理时，尽量不要中断教学活动，最大限度地保障有效的教学时间和教学效率。

3. 正确运用奖励与惩罚的手段

为实现教学活动的顺利展开，教师需要在课堂上运用一些奖励与惩罚的手段。首先，奖励积极性的行为，可以有效地维持课堂纪律，这是一种行之有效的方法，将会起到良好的示范作用。在体育课中，教师可以适当采用非物质性的奖励方式，诸如口头赞扬。反之，教师在课堂中也需要采用适当且灵活的惩罚方式，这是体育教师对发生违纪行为的学生进行制止的一种措施。在这一过程中体育教师不能带有偏激行为，而是要做到客观公正、严明有力，正确的处罚行为是让所有学生包括受罚学生都能赞同的方式。

（二）要制定科学合理的评价体系

我国高校的体育课程教学改革不断深化，使得不管是教学思想、教学模式，还是教学内容、教学组织形式都受到影响，而发生了深刻的变革，相应的体育教学质量监控保障体系已难以适应当前改革后的体育教学，这导致我国高校的体育教学质量评价的改革始终是一个薄弱环节，同时，存在于我国教学质量评价的实践中的许多问题，一直阻碍着教学质量的提高。为此，我国提出了"终身体育"等教育思想，对有效推动体育教学改革，实现有效提高体育教学质量有着重要的理论与现实意义。另外，高校越来越重视以学生为主体的评价过程，这对激发学生的学习积极性有着重要作用。

（三）要善于运用情感感染的手段

在课堂中，体育教师在讲解知识的过程中，态度要亲和，示范要优美，对于学生的提问要仔细聆听，对于学生在学习过程中遇到的难题，要以热情的态度去帮助学生解决，对待课堂中的偶发事件，要采用敏感、灵活的态度。只有这样才能让学生处于一种亲切、温暖，师生之间具有高度情感认同的课堂中，从而有效地完成知识的学习。

（四）要善于运用动作启示的手段

在体育教学中，教师可以以手势、表情、走动等诸如此类的动作来进行信息的传递。在这种课堂中师生之间可以进行互相感知，起到一种无声维持课堂秩序的效果，这种特点是体育教学独有的，是其他学科教学无法比拟的。

五、体育课堂教学信息的组织与管理

（一）不同教学目标、不同课型的讲解和练习

在新授课中，在教学任务方面，体育教师要以学习新技术为主；在教学的组织方面，要以讲解和示范为主；在教学内容讲解方面，可以采用引导性讲解、叙述性讲解，以及说明性讲解等手段。教师在新授课中的学习与练习方面，要做到精确；在练习的量方面，要做到服从学习的需要，但是，这并不意味着学习的量越多就越好；在练习种类方面，除了要有尝试性练习、模仿性练习之外，还要有对比性练习等。

在复习课中，在教学任务方面，体育教师要以熟练技能为主；在教学的组织方面，要以练习为主；在教学内容讲解方面，要做到有针对性和画龙点睛，并且要注意讲解量不能很大。

在探究课中，在教学任务方面，体育教师的工作主要是发现和探究问题，这意味着围绕发现问题进行一种引导性讲解具有十足的重要性。探究课中也存在着很多师生之间的问答，动作练习具有尝试性、验证性，以及体验性，因此，在教学活动中练习量不能很大。

在活动和锻炼课中，教学任务是发展身体，因此，在这一教学活动中最重要的因素就是练习的量，在活动和锻炼课中要有较大的练习量。

（二）不同任务、不同课堂教学阶段的讲解和练习

第一，在课的开始部分，在讲解方式方面，体育教师要选用简明扼要的方式，来面向学生展开本次课的任务说明，同时，教师还要根据本次课的教学目标，来安排教学中的准备活动。在这一阶段的教学中，需要教师进行讲解的部分相对较少，而在准备活动方面，则需要一定的练习量。

第二，在课的基本部分的前半部分，通常都是技术学习。在这一阶段中，讲解占有一个比较重要的地位，相应的，由于练习具有模仿性、尝试性，因此练习量不需要很大。

第三，在课的基本部分的后半部分，通常是技术的熟练。在这一阶段中练习占有很大的比重，而讲解方面则更具针对性。

第四，在课的结束部分。这一阶段的教学任务主要是放松学生的身心，以及进行课程总结。首先，在身心放松阶段个，主要任务是开展放松身心的活动；其次，在总结阶段，则主要是以教师的讲评为主。

（三）不同教学内容的讲解和练习

首先，有的体育教学内容，不具备强技术性，但具有强活动性，如长跑。

其次，有的体育教学内容，不具备强活动性，但具有强技术性，如体操。

教师在讲解不同的教学内容时，要针对教学内容具有的特点，来对讲解和练习之间的关系进行一个良好的处理。

第三节　体育课堂教学组织与管理

一、体育课堂教学组织与管理的概念

关于体育课堂教学组织与管理，是指按照一定的目标，在某种管理思想指导下，在一定的教学组织形式和机构中，展开对教学活动的安排，以及合理调配和使用教学资源。通过这些内容来保证教学活动的顺利展开，使教学计划能够顺利完成，使教学质量可以实现稳步提升，使教学目的得以实现。高校的工作中心，即教学组织与管理的顺利展开，这有赖于学校系统内各个部门之间协同构建。

二、体育课堂教学组织与管理的原则

（一）面向全体学生原则

面向全体学生原则是指，体育课堂面对的是全体学生，每位学生都是体育课的主体，都是不容忽视的。在体育课堂中，要注重发展每一位学生的技术技能，使他们得到充分发展。培养和发展每一位学生的终身体育意识，可以说是体育教师的重要职责。

（二）规范性原则

体育课堂的组织与管理，是有一定的章法的，是有规律可言的，并不是随意的。教师在体育课程中要重视以规范的纪律来对学生的行为进行约束，不仅要做到合理、公正，还要做到科学。在体育课堂管理方面，应建立一项具有约束力的课堂常规制度。关于规范性原则的表现形式述说起来，主要体现在体育课堂常规上，例如，对各项教学计划进行制订，或者是提前备课和安排器材等。只有坚持规范性原则，才能使体育教学顺利进行。

（三）教育性原则

关于教育性原则的内容，一则，要求在体育课堂中展开的各项活动，要对学生起到一定的教育作用；二则，能够对学生尽到教育责任，比如，在对学生进行体育成绩考核的过程中，除了要体现学生的能力之外，还要充分体现时代性。

（四）有效性原则

在高校的课堂管理中，体育课占有的比重并不大，要想使有限的课堂是有效的，要对学生能够起到锻炼的作用，体育教师就要对课堂进行有效的利用，不仅要合理设计课堂，还要减少随意性；要在充分发挥学生主观能动性的同时，调动起他们的积极性，从而实现最佳的体育课堂教学效果。

三、体育课堂教学组织与管理的基本内容

（一）体育课堂教学队形与队列的安排与调动

1. 把握好运用时机

教师应对何时变换队形、如何变换，以及变换时的注意事项，有一个清楚的认识。通常由讲解向示范转换时，不管是在由一个练习转变为另一个练习时，

还是在发生变换练习地点时，均有可能会使队列队形发生变化。

2. 合理安排与调动队伍

在体育课堂中，开展活动性游戏采用最多的队形就是圆形队伍；在田径类项目的体育教学中，通常采用两路纵队；在投掷类体育项目练习中，通常采用面对面队形；在体操类体育项目练习中，通常采用纵队练习等。

3. 利于讲解、示范

体育课堂中的队形安排，不仅要有利于教师的讲解、示范、指导，还要能够使所有学生都能观察到教师的示范，并且有利于教学顺序的安排。另外，教师还要注意使学生在学习和练习体育项目时能避免来自阳光、风沙等方面自然因素的干扰，此外，除了要背光、背风之外，还要符合卫生与安全的要求。

4. 缩短调动队伍时间

教师在调动队伍时，要最大限度地缩短时间，尽量使学生能够对课程中的各项活动队伍的调动是积极配合的，只有这样，才能使学生做到步调一致，并且使教学效果得到有效提高。

（二）体育课堂教学组织形式

体育课堂教学中较为常见的教学组织形式主要有三种，分别是个别教学、班级教学，以及分组教学。体育课堂教学以班级教学为基本形式，朝着综合化、个别化，以及多样化的方向发展。简单来讲，就是在理论与实践两方面对班级教学做进一步完善，以施行分组教学和小集团教学的方式，来对教学制的不足进行弥补，并且对个别化教学进行强化。

1. 个别教学

个别教学，可以说是世界上出现最早的教学组织形式，直到现在，仍然有着不可忽视的价值。这种教学方式实现了真正意义上的个性化教育，即照顾到了每一位学生的个性差异，一方面，可以充分发挥出学生的潜能；另一方面，还有利于因材施教，在充分培养学生自学能力的同时，还有利于学生独立思考能力的培养。但是这一教学方式也有弊端，即不能适应教学的需要，不利于学生之间的相互交流和学习。

2. 班级教学

班级教学也被称为班级授课制，这种教学方式是体育课堂教学的一种基本形式。此处的"班"除了包括"行政班"或"自然班"这种传统意义上的班级之外，还包括对这些班级进行改造后，而形成的"班"。目前，在体育课堂教学中，关于班级编制的形式，可以说是多种多样的，但是普遍被运用的形式主要有两种，即单式班级编制和复式班级编制。前者主要是指将一个年级的学生，编制为若干个班；后者是指将两个及以上班级的学生，编制为一个班级。

此外，还有一种班级编制，以学生的运动水平、体育兴趣，以及性别作为划分班级的标准，来将学生划分为多个班级。这种划分方式的优点，主要有以下几个方面。

第一，有助于体育教师对课堂进行有效的管理。

第二，可以充分地发挥出教师在课堂中的主导作用。

第三，一名体育教师同时教的学生越多，越能体现教学的高效性。

第四，学生可以快速地掌握新讲授的教学内容，包括体育知识和技能，这有助于教师完成统一的教学计划。同时，还能体现教学的实效性。

关于班级教学的不足，主要体现在以下几个方面。

第一，教师在教学中，难以照顾学生的个别差异。

第二，在这种教学管理下，学生之间缺乏联系。

第三，不仅不利于学生探索精神、创造能力的培养，还不利于学生实际操作能力的培养。

3. 分组教学

关于分组教学述说起来是指将一个班级划分为若干小组，体育教师在教学中，以小组的形式来对学生进行指导的一种教学形式。这种教学方式，使教师可以针对不同小组具有的不同特点，来展开不同的指导。其在保留了班级教学的长处的同时，又在一定程度上使存在于教学中的区别对待的问题得到了解决。这种分组的依据，可以是学生的学号，也可以是学生的身高。在各个小组中，教师可以指定一名小组长，来起到"小教师"的作用。这种分组方式一直广泛应用于体育教学之中，但是，随着教学改革的不断深入，逐渐出现了以下许多不同的分组方式。

（1）同质分组

同质分组是按照学生的体能状况、运动技能水平，或者是性别、兴趣爱好等来进行小组划分的分组方式。完成分组之后，同一小组的学生不仅在体能、运动技能方面大致相同，还在兴趣爱好等方面上是大致相同的。其优点主要表现在以下几个方面。

首先，能增强活动的竞争性。

其次，可以提高学生参与活动的积极性。

最后，符合学生争强好胜的性格。

另外，这种分组方式也会产生负面影响，易使学生产生优劣感，甚至会影响学生的学习积极性。

（2）异质分组

完成分组之后，同一小组内学生具有的体能和运动方面的能力是存在差异的，但是，这种差异与随机分组不同，它是人为地将具有不同体能和运动技能水平，或是具有某种"异质"的学生划分为一组，以这种方式来最大限度地缩小各小组之间的差距，这样一来，有助于开展游戏和竞赛活动。

（3）友情分组

友情分组是让学生自主选择练习伙伴的分组方式。在这种情况下，多数学生往往会与自己关系比较亲密的同学组队来共同进行练习。在这一分组方式下，由于学生之间具有较高的信任度和较强的依赖性，因此小组成员之间的思想容易达成一致，学生在学习过程中更易发挥出各自具有的优势，进而形成一种合力和凝聚力。

（4）帮教型分组

帮教型分组是指将运动技能水平差异比较大的学生分到一个小组中，由运动技能水平高的学生，以"帮、带"的形式帮助运动技能水平低的学生，来达成教学目的的分组方式。这一分组方式体现了主体学习观，同时，其所产生的教学效果优于教师面向众多学生所展开的指导。但是，帮教型分组容易让被帮助者产生自卑感，让帮助者产生优越感，因此，教师在采用这种分组时，应慎重对待。

综上所述，分组教学具有以下优点，一方面，有利于教师组织教学，使教学质量得到提高；另一方面，有利于因材施教。采用分组教学的方式，教师可以根据学生的能力水平，按照不同标准划分为几个小组，并对学生提出不同的要求，或是采用符合学生能力的不同的教学方法，以此充分尊重学生的差异。

分组教学的缺点，总的来说，就是不利于学生个性的健康发展。

（三）体育课堂教学场地、器材的布置

在体育课堂教学中，必不可少的物质条件就是场地和器材，这一条件是实现课堂教学目标的重要保证，同时，科学合理地布置场地和器材，一方面，可以充分利用场地、器材，还可以使学生练习的次数得到增加；另一方面，还有助于合理安排课程，给学生创建一个优良的教学环境，以及有助于学生学习积

极性的提高。体育教师在进行体育场地和器材的布置时，需要注意的事项主要有以下几个方面。

首先，要有利于变换练习内容，从而使学习效率得到提高。

其次，要符合卫生和安全要求，最大限度地避免伤害事故的发生。

最后，既便于教师对学生的指导，又有利于队伍的调动。

（四）体育课堂教学控制

体育教师只有对课堂教学活动的效果进行监控，才能使课堂教学活动顺利地展开，并使课堂教学目标得以实现。在这个过程之中，教师要随时注意将达成目标与预先设定的目标二者之间进行比较，一旦发现偏差，就要及时进行纠正，立即采取有效且有针对性的措施，以此来促使教学活动回归正常轨道。总的来说，教师对课堂进行管理，除了包括确定课堂教学目标、对实际达成的目标进行衡量之外，还包括分析偏差产生的原因以及采取纠偏措施等。

（五）体育课堂教学对违纪和偶发事件的处理

首先，"违纪"这一词汇，其大意为学生违反课堂纪律，或是指学生做出违反课堂有关规定的行为。

其次，"偶发事件"这一词汇，是指在教学过程中，突然发生了教师没有预料到的事情。

即使体育教师做到了对课堂教学组织和管理进行严密的关注，并在课前进行了仔细的安排，但依然不能完全避免违纪和偶发事件的发生，而在教学中一旦发生了违纪行为，或是发生了偶发事件，教师要做到快速反应，以冷静的态度，及时对事件进行控制和适当处理。

第四节 体育课堂教学组织与管理的案例分析

一、高质量体育课堂教学组织与管理案例

（一）教学组织与管理——滚翻动作教学

1. 教学基本内容

学习内容：前滚翻。

学习目标：通过学习掌握前滚翻技术动作，一方面，锻炼身体的协调性；另一方面，培养学生积极思考，以及大胆探索的精神。

场地器材：体操垫。

2. 教学步骤

教师启发学生积极思维，回忆滚翻要点。

第一，教师提问设疑："我们在日常生活中，碰到什么样的情况需要我们做出滚翻动作？"让学生去思考、回忆，然后举手发言。

第二，请学生进行作答，这时发现几种就回答几种。

第三，教师总结归纳。对发生翻滚的情景进行简要说明，诸如，人们从高山滚下时，或是身上不甚着火时，或是躲避危险时等诸多情况，会发生向前滚翻。

第四，当得到学生的认可后，教师再顺势将教学内容延伸至向前滚的动作要领中来，也就是团身低头，快速前滚。在讲授完技术要领和动作示范后，可安排学生展开以下内容的教学活动。

首先，分组练习。将学生分为女生两组，男生两组。同时，指定体育骨干予以保护和帮助。

其次，教师照顾全局，并对动作进行重点指导。

最后，教师讲评。请学生表演，对滚翻要领做进一步的讲解。

（二）教学组织与管理——评析

1. 设疑导入，启发学生积极思维

前滚翻是学生从小就见过的动作，都有一定的感性认识，对此，教师所设计的提问，既简单明了，又贴近生活实际，利用日常生活中的知识、经验，启发学生积极思考，进而使学生较快地掌握前滚翻的技能。

2. 从发现到学习，从被动到主动

本课的另一特点是运用启发与发现相结合的教学方式来引导学生对前滚翻进行思考，通过思考学生发现，在不同的情景中滚翻的动作是有差异的，如从山坡上滚落时，应横向滚动，尽量减速；摔倒时应是一侧着地的滚翻等。学生在对前滚翻动作在生活中的意义有了深刻的了解后，有助于提高对该动作学习的积极性，使学习由被动转向主动，改变了过去教师讲解、示范，学生机械模仿的传授式教学。

3. 师生互动，教学组织形式灵活

本课在教学组织方面，设计了师生互动的情景，以学生为主体进行教学，注重学生综合能力的培养，如课中安排体育骨干进行保护和帮助，让学生积极参与到教师的角色之中,加强了学生之间的交流,并请完成较好的学生进行表演,增强其表现欲望。课堂中教师和学生积极配合、相互指导、共同提高。

二、低质量体育课堂教学组织与管理案例

(一)教学组织与管理——篮球运球教学

1. 教学基本内容

教学案例:篮球胸前传球。

教学内容:双手胸前传接球技术。

学习目标:初步掌握篮球胸前接传球技术,提高身体素质。

场地器材:篮球场一块。

2. 教学基本流程

第一,准备活动。首先,进行腿部的热身练习,包括弹腿练习和柔韧练习。其次,贴人游戏。围成一圈,选出两个学生,其中一个追逐另一个,被追的一方可以贴在其他人前面。要求追逐人用手去碰触对方,若捉住,两人交换位置,继续游戏。

第二,复习上节课内容。诸如组织学生进行运球复习等。

第三,学习胸前传接球技术,主要包括以下三点。首先,教师要进行胸前传球技术的示范。其次,教师要进行胸前传球技术要领的讲解。最后,学生分组练习,教师从旁进行指导。

第四,结束部分(两人一组进行放松)。

第五,课后小结。

(二)教学组织与管理——评析

评析学习目标:内容的设定是否体现了新课程的基本理念。

评析课堂教学:是否进行了精心的组织与管理。

评析教学过程:是否体现了学生学习的主体性,是否坚持了学生占主导地位。

第四章 体育教学思想观念的改革

人类在体育实践中所产生的认知与总结，最终所形成的对体育相关教学起到指导作用的教育观念就是所谓的体育教学思想。然而，这种思想必须建立在大多数人认可的基础之上。对新时期体育教学思想体系改革的深入研究是有必要的，因为它对整个体育事业未来的发展有着颇为重要的影响。本章主要分为高校体育教学思想的演变、现代三大体育教学思想、建构主义学习理论对体育教学思想发展的影响、现代体育教学思想的整合、引领与发展四部分。

第一节 高校体育教学思想的演变

一、中华人民共和国成立初期的体育教学思想

我国的经济基础在新中国成立初期阶段还十分薄弱，基于该背景，"全民皆兵"成为当时保家卫国和发展国民经济的重要国策。因此，培养诸多身体强健的社会主义建设者，便成为学校体育教育在该时期的主要目标。军事思想及内容成为学校体育教育在该时期的主要教育内容，从某个层面来讲，这一举措使体育教学内容变得更加丰富。

二、竞技体育思想的形成

很早之前，竞技体育思想就已经成为教育内容的一部分，无论是高校，还是中小学，都是如此。中学的体育教学内容与思想被高校体育教育延续下来，这也意味着竞技体育的特色被延续和保留下来。现在人们提及"体育"一词，都会想到竞技体育。毫不夸张地讲，竞技体育思想从始至终都占据着十分重要的位置。因为，竞技体育对我国在体育教育持续发展的方方面面都起到了极大的推动作用。

三、改革开放初期体质健康思想的确立

我国高等教育在改革开放后，迎来了新一轮挑战与发展机遇。

① 1979年，有关部门明确了体育教育的重要性，指出体育教育是学校教育不可或缺的一部分，提高了学校体育在学校教育中的地位。

② 1983年，相关工作人员和学者在"全国学校体育与健康工作"会议上指出，学校体育的指导思想应以增强学生体质为主要目标。《中共中央关于教育体制改革的决定》于两年后由中共中央下发，这则决定对全国教育系统提出了更高且明确的要求，即对我国现行教育体制进行改革。毋庸置疑，这则决定的下发为我国提高全民素质提供了政治上的有力保障。

自此之后，国家颁布了诸多文件，丰富了我国体育教学的目标，如提高心理素质、推动心理健康等都被相机增设到整个体育教学目标体系之中，这与我国改革开放初期的国情以及教育发展的需求是相适宜的。

③不仅如此，随着改革开放的进一步发展，我国学者还对自然主义体育思想进行了研究，并掀起了一股新体育教育改革热浪。体育教学中开始强调"生命在于科学运动"，简言之，学校体育教育开始强调科学运动。到了20世纪80年代中后期则更是如此。

由此可见，在我国体育教育思想之中，自然主义体育教育思想发挥着重要的指导作用。需要注意的是，任何事物都具有双面性，自然主义体育教育思想也不例外，它必定会受到其他思想观念的冲击，比如人文主义体育教育思想的冲击，但也正因如此，它才能在原有的基础上取得更深远的发展，从而推动学校体育教育不断向前发展。

四、深化改革阶段素质教育指导思想的形成

我国在20世纪90年代期间，正处于改革开放发展迅速时期，所以在该时期，我国社会各项事业的发展都会被改革与发展举措所推动，学校的体育教学改革亦是如此。学校体育教学改革不断深化是该时期学校体育教学的大趋势。因为该时期出现了体育比赛、课外活动等趋于多元化的改革模式，极大程度上推进了我国体育教学的发展。

我国高校体育教学经过多年不懈的努力，逐渐形成了以素质教育为主要目标的体育教学体系。单从理论和实践层面来讲，我国体育教育的发展受到了素质教育的深远影响。

五、现代"终身体育""健康第一"可持续发展体育指导思想的形成

相关数据调查显示,我国近几年来高校学生的体质表现呈现下滑趋势。我国高校体育教育的改革是有必要的,且应当根据具体问题进行相应的解决。针对该问题,"终身体育""健康第一"教学思想得到了相关部门的肯定与支持。

个体终生身体问题只是可持续发展体育教育思想中的一个细小分支。高校应将各项干扰因素结合在一起,从现在着手,从长远着眼,分别从社会、生物、心理等多方面进行发展,从而使学生成为适应社会发展需求的人才。这就需要高校把社会功能、生物功能、心理功能相结合,这样的体育教育工作显得更为科学合理,且更容易实践。

我国的现代体育教学思想(科学持续发展的体育教育思想)是建立在人文主义与自然主义多轮撞击之后融合在一起的基础上的。这一过程不仅符合我国倡导的"素质教育"改革,同时也符合世界可持续发展战略。由此可以看出,推动我国学校体育教育稳步向前的教育思想必定是可持续发展体育思想。

第二节 现代三大体育教学思想

一、"以人为本"教学思想

(一)基本内涵

1. 我国"以人为本"思想

我国先辈早在上周时期就意识到人民是整个国家的基础,并提出了民本思想。但在我国提出"以人为本"的思想时,也只是基于民本思想,处于该意识的最初形成时期,并没有形成一个较为完善的系统化理论体系。当然,我国现阶段"以人为本"的理念与传统民本思想理念存在着诸多不同。

个体全面发展以及马克思相关理论是我国现阶段"以人为本"思想形成的主要基石。当这一基石与我国现有国情密切结合时,则形成了科学且相对完善的教育价值取向。自此,"以人为本"的教学思想不断融入落实到体育教学中,这对我国实施科教兴国战略而言,是极其必要的。

2. 西方"以人为本"思想

西方"以人为本"的思想与理念,早在古希腊时期便出现了。但说起真正

形成的时间应当是意大利文艺复兴时期。著名哲学家费尔巴哈于19世纪初期提出了"人本主义"这一口号。在人本主义发展过程中，诸多相关学者采用非理性主义手段将其体系构建得更加完整。西方教学思想在人本主义思想长期的熏陶下，无论是教育观念，还是教育目标；无论是教育内容，还是教育手段等，都得到了一定革新。"以人为本"的体育教学思想逐渐演变成西方体育教学乃至中国体育教学的关键性教学思想。

（二）在教学中的应用

1. 以教师为本

学校推动学生发展的最主要手段是教师的"教"，因此以教师为本应当充分体现在体育教学之中。那么，学校应当做好哪些工作呢？

①为教师创造并提供较好的工作环境，以及积极向上的工作氛围。在对教师工作量有所了解的基础上，制定出合理标准，并且对教师的教学做出客观评估，特别是对那些表现突出的教师应当给予奖励。

②教师也是有血有肉的人，相关部门应当对每位教师的发展情况实时关注。对于体育教师各方面的管理而言，应避免把强制性和防范性放在相对很重要的位置，应始终将人性化融入管理的各个层面，使体育教师能够在积极状态下履行个人应尽的义务和应承担的责任。

③教师是需要尊重与信任的，体育教师也不例外。除此之外，相关部门应尽量避免对体育教师制定诸多限制内容。

2. 以学生为本

学生是独立的生命，是独立个体的存在，同时也是体育教学中的主体和主要教育对象，他们有资格获得尊重和认可，因此体育教师在组织体育教学活动时，应当树立以人为本的观念。在教学环境方面，学校应当为学生创造良好的学习环境，不断丰富教学资源，壮大教师队伍，确保能够为学生提供发展所需的知识、技能等。教师应根据学生的差异，进行学习任务的制定，构建一个科学的课程体系。同时，革新、优化教学方式，将枯燥的教学形式转变成新颖的、能够激发学生兴趣的方式，从而调动起学生的学习积极性。关注学生的切实利益，是以人为本在体育教学中的体现。高校应树立为学生服务的观念，使学生成为全面发展的优秀人才。

我国学校教育自21世纪以来得到快速发展，其中，体育教育更是需要跟上时代的潮流和步伐，以科学、人性化、合理的教学思想不断革新、前行。然而，使学生的身心得到保障是目前体育教育的基本原则。在健康第一思想指导下，高校应开展多元化的体育活动，使学生在身心健康的前提下得到全面发展。

在体育教学过程中，高校应尽可能使学生积极主动地参加各项体育锻炼活动。要做到这一点，就需要提高学生在学习中的主体地位，培养和增强其主动参加各项体育锻炼的意识。

（1）尊重学生

在教学过程中，树立以学生为中心的教育理念是教师应当也是必须做好的工作，体育教师应当遵循学生各阶段的发展规律以及特征进行活动量的安排，对学生的个性特征要给予肯定和尊重，切实做到因材施教。

（2）宽容学生

对于体育教师而言，其根本目的是推动学生的健康成长。要想使该目标顺利达成，就应当关注学生，并对学习过程中出现的问题予以关注和进行相应的解决。正如世上没有两片完全相同的叶子，学生之间存在差异也是正常现象，每个学生都有自己的优点和缺点。教师应当认清这一点，对学生所持有的优势予以鼓励，对学生存在的劣势应当多包容一些。特别是对于一些喜欢在课堂之上捣乱的学生，教师应当在以尊重和宽容为前提的基础上，施以严格要求。

需要注意的是，在实际教学中，体育教师对"后进生"应付出更多的情感，对他们出现的问题予以理解和宽容，从而减轻他们在思想和心理上的负担，使其能够树立信心，将内在潜能激发出来，使其能够自觉地改正自己所犯的错误，从而实现自我良好发展。

（3）丰富教学形式

学生主导地位的突显在体育教学过程中十分重要，因为它关系到学生能否成为学习中的主人，不仅如此，还能使学生将情感和行动融入体育学习中来，从而更好地完成教学任务。体育教师采取多元化的教学手段和形式科学地组织体育教学是有必要的。如组织个人自觉练习、群体训练、小组合作训练等，这些活动都能将体育教学中"以人为本"的教育理念彰显出来，从而推动学生在体育学习方面不断进步。

（4）科学评价学生

全面性体育教学评价颇为重要，但全面评价的前提是"以人为本"。开展全面性体育教学评价能够使教师较为准确地了解学生对体育学科的态度以及对体育技能掌握的基本情况。教师通过了解，能够有针对性地对接下来的教学方案进行调整，从而帮助学生获取更大进步。

具体而言，学生技术水平、平时表现等，都是体育教学评价的基本内容。

但是，由于学生质检存在着一些差异性，所以评价分数落差较大的情况很可能出现。因此，这种评价存在着一定的局限性，它不能把学生体育锻炼的情况客观反映出来，不仅如此，这样也不容易激发学生学习的动力。这就需要教师在采取该评价方式时，不要与学生的实际情况相脱离，这样才能促进学生的健康成长。

（5）建构和谐师生关系

对学生的关心和爱护是体育教学中不可缺失的重要内容，也是其基本立足点，尊重学生的权益和人格更是不可忽视的。体育教师在教学过程中，应当认真看待学生间存在差异性这一事实，这就需要教师做到尊重每个学生，从而建立一种和谐、平等的良好师生关系。

体育教师在授课过程中，可以使用一些带有鼓励性的语言来激励学生、鼓舞学生，当学生在学习过程中遇到困难时，教师应及时给予安慰，这样往往能取得较好的课堂教学效果。

二、"终身体育"教学思想

（一）基本内涵

"终身体育"的思想是从终身教育思想中而来的，意思是人的一生都要接受体育教育和身体锻炼，其是终身教育的重要组成部分。终身教育思想是1965年联合国教科文组织终身教育局局长郎格朗在《终身教育导论》中提出的。其认为，教育应当是贯穿人生命始终的，学校的教育属于其中一部分，而另外大部分的教育都是从学校得来的。终身教育思想在20世纪中后期，成为与经济、科技、文化、社会迅速发展相适应的现代教育思想。

这一思想传入中国是在20世纪80年代，中国经济的改革要求是与其相适应的，之后在我国国内便快速地掀起了继续教育、成人教育等热潮。等到了20世纪90年代中期，终身体育的思想便成为我国现代体育教育的主导思想。具体来看，这一思想就是个人从生命开始到结束，都要进行体育锻炼，以及与环境、个人的需要相适应，以此获得生活和工作的物质基础。

（二）在教学中的应用

1. 拓展和丰富体育教学内容

分析我国当前的学校体育改革目标可知，其主要定位于让个体在有限的学生阶段掌握体育基础知识与基本技能，在未来可以独立自觉地继续进行身体锻炼并接受体育教育,密切衔接终身体育。学校体育在现阶段的重要任务是培养并增强学生的"终身体育"观念,在设置体育课程内容时适度增加促使体育教学内容更加多元化的内容。

2. 提升教师综合素质

教学是教师最基础也是最核心的工作,教师教学能力往往对体育教学质量有着重要影响,所以,体育教师应当借助多种方式来提升教学能力,由此使教学质量得到大幅度提升。教师应树立起重视体育教学思想的意识,并在教学过程中积极贯彻落实;在体育课程教学中,针对特殊情况和事先未能考虑到的情况,教师可以对课程进行适度的调整,这也是体育课中比较常见的情况。

3. 重视学生自我发展与社会需要的结合

"终身体育"着眼于人根据不同的年龄阶段、不同的生活环境、不同的职业特点来选择相应的锻炼方法和内容,进行不同形式的身体锻炼,以保证终身受益。学校体育教学为未来扮演不同社会角色的学生提供了一个良好的参与体育的契机,指导其参与体育锻炼,以便进入社会后可以更好地适应社会。因此,"终身体育"不仅要促进学生在学校的发展,还要充分满足社会发展对学生未来发展的需求,这就要求体育教育应重视学生的当前发展和长远发展。具体来说,是在体育教学过程中,实现学生终身体育发展与社会需求二者的结合。

三、"健康第一"教学思想

(一)基本内涵

新中国成立初期,学生健康状况严重不良,据各大学调查,学生中患肺病、心脏病、神经衰弱、沙眼的人数占学生人数的70%左右,而中学的体育课又普遍存在着放任自流的现象,或是按照教师的专长进行一些单纯的技术教学。在伟大的抗美援朝运动中,学生积极响应祖国的号召,争上前线保卫祖国,保卫家园,可是由于健康原因,许多学生体检不合格未被录取。对于学生健康状况严重不良的现象,毛泽东极其关注,并做出了"要各校注意健康第一、学习第二。营养不良,宜酌增经费。学习和开会的时间宜大减。病人应有特殊待遇。全国一切学校都应如此"的重要指示。他始终将学生的健康问题放在首位,充分体现了他对学校教育工作和学校体育工作的高度重视,这对以后的学校教育工作和学校体育工作的开展,具有划时代的历史意义。

国民素质教育、国民体质教育、青少年儿童健康教育是当时体育发展的首要问题。20世纪90年代的"健康第一"指导思想与20世纪50年代的"健康第一"教育思想有着本质的不同，这一时期的"健康第一"主要是对"素质教育"的诉求，是一种多样化与复合型的新型体育思想，强调体育教学"以学生为本"的理念。

（二）在教学中的应用

1. 提高体育教师综合素质

在体育教育逐步发展的背景下，现代体育教育要求教师不可以只采取以往知识培养的单个教学模式，体育教师还需要具备较高的科研探索水平。针对这两方面要求，体育教师需要掌握科学与人文两方面的基本知识以及扎实的体育基本功。

第一，体育教师要熟知信息科学、生命科学、环境科学等基础知识，了解体育教育的人文价值，掌握学生素质发展的规律，努力提高自身的综合素养。

第二，体育教师还要树立终身学习的思想，适应不断发展与变化着的社会。体育教育也需要与任课教师、学生、家长等有关人员加以合作，以产生协调效应。

第三，体育教师应当不断地积累教学经验，主动参与各类体育科研活动，自觉在体育教学过程中发现问题、探索问题、解决问题，使自己逐步发展为同时具备探索能力和创造能力的科研型教师。

除此之外，21世纪的体育教学把教师监控教学的能力摆到了重要位置，其是体育教学活动的核心要素。体育教师对教学的监控能力具体包括对教学活动的决策与设计能力、课堂组织能力和管理能力，以及评估学生知识、技能的能力等。

2. 使多元化内容有机结合

学生在参与体育活动和体育锻炼时，一定要保证摄入身体所必需的营养，养成讲究卫生的良好习惯。所以，应当把身体健康和卫生保健密切联系在一起。对于体育教学来说，学校应当适当增强对学生的营养指导，高效地向学生传授与营养和卫生保健相关的知识。

实践表明，广泛开展群众性的体育活动，可以使校园文化建设丰富多彩，使学生的体育生活充满生机。美育不仅能够提高学生的修养，而且有助于开发他们的智力。寓美育于体育之中，可以提高学生对体育的兴趣，提高其运动质量，丰富学生的审美体验，提高学生创造美的能力。

就现阶段来说，学校体育与卫生保健的密切结合已经形成了良好开端，同时也获得了比较满意的效果,但依旧未能形成完善的体系。这就要求高校应紧密结合学生的生长发育与生活实际来开展健康教育,使学生学会自我保护,预防疾病的发生,把学生的青春期教育和心理健康教育作为健康教育的重要内容来抓,加强学生的多元体育教育。

第三节 建构主义学习理论对体育教学思想发展的影响

一、建构主义学习理论的概念

现代教学理论的内容非常丰富,本节将以建构主义学习理论为例,对建构主义学习理论对体育教学思想发展所产生的具体影响进行全面分析。

人在先前已有的认知结构基础之上,通过学习,在原有的认知结构中加入外界信息,后引发自身认知结构的改变,从而形成一种全新的认知结构,这个过程就是建构主义过程。人们进行认知的基础就是其早已具有的认知结构,在人们的认知活动中是作为一种思考、理解的方式而起到重要作用的。在对外界信息进行不断吸纳的过程中,人类认知结构同时在发生着变化,而影响人类认知结构的三个重要过程即同化、平衡和顺应。首先,同化指的是在学习中,个体过滤或是改变所输入刺激的过程,也就是个体在对刺激进行感受时,将其融入头脑的原有图式中,并尽量将这些刺激变成其中的组成部分。其次,平衡指的是在学习过程中个体会通过自我调节能力来对自身认知进行完善,让其由平衡状态向其他平衡状态加以转变。最后,顺应指的是个体在学习中,遇到难以使用头脑中的原有图式同化新刺激时,会对头脑中的新刺激进行完善并重建,使其尽快适应外界的环境。

二、应用建构主义学习理论在体育教学中的要点

(一)建构主义学习理论不是唯一的教学模式

如今我国在体育教学中常见的探究式学习,应该说是以建构主义的学习理论为基础发展的,它能够将学生的积极性充分地调动起来,从而更好地对学生的创新精神进行培养,这样也能提高学生的实践能力。而若是学生想用较短的时间就对书本知识进行掌握,那么教师最好要用传统的能被学生接受的学习方式。因此,我们认为虽然探究式的学习方法,其教学效果相对理想,但却不是万能的。教学实践中,得到结果最为明显的学习方式是充分适应学生个体的学

习方式。假如在对教学内容还没有准确区分的情况下采取相应的教学模式，就会不利于教学目标的完成。教师在体育教学实践中，首先应对各种教育方式展开优劣势的分析，然后将多种教学方式相结合，实现教学方式互补的目标。学习效果的好坏与学生的学习手段、学习态度与认知基础等有着直接联系。所以，体育教师应该将教学过程的具体情况进行全面剖析，之后确定出最合理、科学和有针对性的教学手段和对策。

以上可以看出，我国的体育教学改革中，建构主义学习理论是有关键性地位的，同时对我国体育教学思想的形成、发展具有推动作用和指导意义。但还是要注意，因为建构主义学习理论还不够完善，加之中西方在社会化方面的差异一直存在，体育课程的学科特点具有自身的独特性，所以要求我们在体育课程教学中运用建构主义学习理论进行指导教学实践时，不能对其盲目照搬，也不能全盘否定。每种理论的存在都是具有优势和局限性的，世界上也没有任何一种理论是完美的。因此，在应用建构主义学习理论时，应该积极借鉴并参照其他的教育、学习理论，并将两方面理论进行综合使用，由此形成并建立符合我国体育教学发展的思想体系。

（二）情境创设要紧紧围绕目标的达成

在体育的教学过程中，建构主义学习理论应当对教学情境的创设加以注重，还要求创设出的问题情境应有一些目的性，一般是和日常生活紧密联系的。以不同角度看，问题情境被创设出来也是有区别的，会造成教学模式上的差异。而在创设相应的问题情境时，相应地，一些会成功，而另一些则失败。成功创设问题情境除了能够激发学生学习的主动性，还能深化学生对知识的理解，并且在社会生活实践过程中能很好地将所学知识运用起来，这样就能进一步促使学生更好地提升解决问题的能力。

然而，在体育教学过程中，忽略体育教学目标、脱离教学本质特征和教学实际情况、与建构主义本质相背离等问题是时常存在的。这些问题都说明了在对建构主义学习理论进行利用和借鉴时，是存在断章取义和完全照搬的错误情况的，这些都不应被提倡。

（三）理性区分"学生的主体性"与"以学生为中心"

在建构主义的学习理论中，学生占有主体地位这一现实被摆放到了重要位置，这在之前是引起过很多争议的，其焦点就是到底要将知识作为主客观的统一，还是彻底实施主观构建。在对建构主义学习理论进行剖析时可以看出，建构主义学习理论侧重将知识进行完全主观建构，其中包含了社会建构主义和激进主义。假设在体育教学过程中，将这些具有极端缺陷的建构主义学习理论当作体育教学的指导，那么就会出现过于强调学生主体性地位的情况，由此便会让人们忽略教师的主导地位，导致体育在教学过程中没有了教育的标准。

三、建构主义学习理论对我国体育教学思想的影响

（一）建构主义学习理论对我国体育课程改革的不适应性

建构主义学习理论认为，学生在体育教学中对待各种知识的学习并不是被动的，而是积极主动地对学习进行吸收的过程。但和其他学科不一样的是，体育课程的主要特征是将身体练习作为手段，教学内容则是运动的技能。各体育运动项目也不是并列平等的关系，所以其和普通由简到繁的逻辑认知是不同的。体育运动的学习过程实际上就是自身对身体进行认知的过程，通过重复和模仿相应的技术动作而对动作的技术进行初步掌握。而在对体育教学的分析中可以知道，大部分动作都便于在大部分情况下进行重复与模仿。对于动作掌握的粗略阶段来说，如果无法保证示范和讲解的正确性，那么学生也就没办法通过这些客观呈现对正确的动作予以掌握，这样一来也就非常不利于学生学习动机的形成，甚至在一些情况下学生还会出现运动损伤，体育教学也就无效化了。

在我国不断深入进行体育教学改革的背景之下，建构主义学习理论就显得非常重要了。同时，人们在体育教学实践中对于建构主义学习理论的错误认知也非常多。有些人曾指出，在对体育课程进行改革的过程中，新课程的推行将会让"主体意义建构"取代传统接受式学习方式。这些错误认知阻碍了我国体育的课程改革。

（二）建构主义学习理论对我国体育课程改革的适应性

建构主义学习理论提出了三方面观点：①教师将知识直接灌输给学生并不是学生学习的过程，这只能有效地激发出学生的自觉性和热情，促使其自觉主动地学习；②学习也并不是学生对各项任务都独立地完成，而是在学习过程中进行密切的沟通协作；③学习是学生基于已经联系过的、本身已具备的知识对新知识进行探究的过程，这三点对"自主""合作""探究"的重要性进行了重点说明。可以看出，从某种角度上说，我国的体育教育在自主学习法、合作学习法和探究学习法上，都将建构主义学习理论作为重要基础来看待，同时也表明建构主义学习理论拓宽了我国教育工作者研究学习方法的视野。

在我国高校的体育教学过程中，学生应当正确使用上述的学习方式，提升

自主学习的能力，对创新和探索的潜能加以激发，以及培养团队协作意识。并且，建构主义学习理论还对教师提出了要求，其要求教师除了是知识的引导者与传授者，还应当扮演多种角色。所以，教师实现专业化发展是新课程改革的重要环节，以便促进教师的成长并适应新课程改革的要求。想要在体育教学过程中深入发挥学生的主体性作用，需要注意下列几个问题。

①为了更好地实现知识的学习，应当使用探索法和发现法。

②在进行意义建构时，学生应当主动搜集和分析相关信息资料，按照所出现的问题提出各种合理假设，并对其进行验证。

③学生应将当前学习的内容与自己已经掌握的事物相联系，再进行必要的思考。

第四节　现代体育教学思想的整合、引领与发展

一、现代体育教学思想的整合与引领

（一）整合中国体育教学思想对中国体育教学的影响

近代以来，我国出现了很多影响学校体育教学的国内著名思想家，他们或多或少在一定程度上接受了国外的教育，因此，他们的思想也算是中外文化有机融合的产物。关于他们的体育教学思想有很多研究，但通常都是零星式的，缺少系统性，且没有完整的中国式教育体系，在改革我国体育教学方面缺少指导意义。因此，综合研究他们的体育教学思想对于当今体育教学的深化改革与发展是具有重要价值的。

（二）整合国外体育教学思想对中国体育教学的影响

我国学者对国外的教育理论进行了吸收、内化和移植，其不断对中外文化进行交融，以此实现中国体育教学的科学化和现代化。通过对国外教育思想对中国体育教学发展的影响的范围和程度进行总结和反思，将会有利于我们更深层次地了解中国体育教学现代化的演变，从而为改革和发展体育教学提供历史借鉴。

我们不能否认的是，国外教育理论的引入是同时具有局限性和积极影响的，其中，积极影响可以推动我国体育教育的发展。所以，我国不能完全照搬或是

否定国外教育理论，而是应当扬长避短，舍弃掉并不适合我国实际情况的部分，从而推动我国体育教学理论和体育教学实践的发展。

（三）整合中外体育教学思想，构建我国体育教学指导思想

由于中外文化背景存在差异，中外的教育思想、体育教育思想也都存在不同。因此，想要对中外体育教学思想进行融合与比较，甚至筛选出有指导价值的教学思想也并不是那么容易的。在这一过程中，应当对国外体育思想的糟粕部分进行舍弃，吸收好的体育教学思想；还应学会归纳和梳理我国优秀的教学思想，再相比较于国外的体育教学思想的差异与共性，最终找出结合点。

二、现代体育教学思想的发展

（一）现代体育教学思想的发展趋势

1. 体育教学思想将向层次性和延续性方向发展

在新观点、理论的共同作用之下，与体育教学相关的各教学指导思想也都相继出现，对学校体育教学的改革方向进行了引导，同时也加快了教学改革的速度。但是，因为学校体育教学的各年龄阶段学生跨度太大，学生的心理、生理上也都存在差异，因此在教学实践过程中，各教学指导思想缺乏连贯性与系统性，从而在某种程度上影响了学校体育教学改革的进程。因此，按照学生在各年龄阶段的特点，应当先确立相应的体育教学指导思想，让其具有相应的层次，以便把握好教学改革的方向，提升教学改革的质量。

2. 体育教学思想将向"人文体育观"方向发展

现阶段学校体育教学思想从唯"生物体育观"，转向了由生物心理、社会因素构成的"三维体育观"，丰富了体育在健身、娱乐、竞技等方面的功能，使我国体育教学在传授"三基"、增强体质的同时，朝着多目标、多功能方向发展。同时，国外的休闲体育、快乐体育、终身体育等体育思想也得以出现，极大地促进了我国体育教学思想的发展。

（二）现代体育教学思想的发展对策

1. 以"健康第一"为主导思想

人类社会在 21 世纪已经进入高科技时代，未来社会将会是一个高效率、高自动化、劳动强度降低和娱乐时间增多的社会，由此将会极大程度地影响人们的生活和工作方式。在体力劳动不断减少和突变的生产方式中，人类体力已

经不再是生产力中最重要的因素了,这也就会导致体育需求的变化。在这种情况下,社会对体育的要求已经不仅仅是增强体力,更重要的是通过体育运动来促进人的身心健康与提升社会适应能力,因此,终身体育和健康第一的思想得到了大多数人的认可。其作为必然要求存在于学校体育培养全面发展人才和践行素质教育中。

2. "以人为本"的原则

21世纪不仅是生产力迅猛发展的时代,同时也是现代化技术迅猛发展的时代,由于人类是发展的主体与中心,所以人类的全面发展演变成了经济发展与社会发展的终极目标。党的十六届三中全会明确提出,"坚持以人为本,树立全面、协调、可持续发展观,促进经济社会和人的全面发展"。同时"以人为本"还是现代教育的基本价值观,它联系了教育以及人的自由、幸福和终极价值,通过人文精神对现代人进行培养,通过全面发展事业对全面发展的人进行培养。而这一观念也将继续融入体育事业中去,成为人类社会协调发展的一项重要事业。

3. 进一步注重学校体育与社会体育、家庭体育的融合

21世纪的教育已不仅仅局限于学校,而是学校、家庭、社会合作的教育,更不存在走出校门就不再接受教育的观念。在体育向着大众化、社会化、生活化、终身化的方向持续发展的同时,学校体育正在逐步向家庭与社会延伸,儿童和青少年积极向上的体育态度与良好体育行为的形成,都是在学校、家庭、社会三方面共同教育作用下所产生的结果。

第五章 体育教学方法体系的改革

在现代社会背景下,随着体育的迅猛发展,人们对体育的关注程度越来越高,从而促使体育教育被越来越多的人重视起来。体育教育的质量和水平通过各种积极的手段和相应的措施得到大幅度的提升。体育教育在过去被认为是一种"选择性"教学,不被重视。然而,时代的发展促进了现代教育理念的转变,体育教学已成为当前学校教育的重要组成部分,深受学生的欢迎和喜爱。本章主要分为常见的体育教学方法与运用、现代体育教学方法体系的构建、新时期体育教学方法的创新发展三部分。

第一节 常见的体育教学方法与运用

一、基础体育教学方法分析

(一)语言教学法

1. 讲解法

讲解法作为语言教学中的一种基本方法,在体育教学的过程中应用颇多。毫不夸张地讲,在整个体育教学过程中几乎都会运用到讲解的教学方法。

讲解法就是教师通过语言描述,向学生讲解教学中需要注意的各种事项和内容,以达到预先期望的教学效果。这种教学方法一般在体育教学的初期阶段发挥非常重要的作用。

在教学的过程中,教师应该对感悟到的教学经验,不断地进行归纳和总结,并且要努力追求自己精简干练的语言表达能力的提升。此外,以下这几点是体育教师在运用讲解法进行教学需要注意的问题。

（1）讲解时要有目的

为了有目的地进行解释，教师应根据学生的特点、教学目标和教学内容，选择解释的内容和方法，并调整解释的语调和速度，注重突出教学内容的要点和难点。如果教师在讲解时偏离了主要目标，就会使整个教学偏离轨道，使真正的目的难以达成。

（2）讲解时要抓住要点

教师在讲解时，应注意所讲解的理论知识要精准、权威，所讲解的技术内容要建立在技术原理的基础之上，不能与技术原理相悖，应与技术原理相一致。教学内容的难易程度也要适当，要对学生对知识的接受能力和吸收能力做出充分的考虑，并根据实际情况进行适当的调整。

（3）讲解时要调整方法

教师在教学过程中，在选择讲解的方法时依据的不是教师自身的主观判断，而是要依据学生的现实情况和发展变化，进行灵活的调整。

2. 口令法

口令法是一种语言教学法，这种方法内容清晰明确，主要通过命令的方式，对学生的活动进行引领和指导。口令是体育教师在体育教学过程中使用的一种特有专业语言。在体育教学活动中，经常会遇到需要使用口令的活动，如练习走队列、练习排队形、排练体操等体育活动。在口令的具体应用过程中，教师对口令的发出要及时、精准、清晰、响亮。在发出口令的语速和语调方面，需要结合具体实际情况。

3. 指示法

体育教师在指导学生开展体育活动时，可以使用简单明晰的指示法。当学生在练习时忽略了关键动作，可以使用指示法。教师在应用指示法的过程中，应当注意语言的准确性、简洁性和及时性，尽量使用积极的词汇。

（二）直观教学法

1. 多媒体教学法

现代化技术在社会的各个领域当中不断发展和进步，体育教学中对现代化技术的运用也越来越多了。在这样的环境中，多媒体教学法被广泛使用。多媒体教学法最主要的特点是影像逼真，形象生动，它主要通过播放幻灯片、投影、电影、电视、视频等形式，由教师向学生进行传播。

需要注意的是，教师在运用多媒体教学法的过程中，要综合考虑教学的目标和学生的特点，并且要恰当地选择多种媒体播放的内容。为了使教学效果更好，教师应该在电视、电影、视频等的播放过程中，有机地融入对相关内容的讲解和示范。教师一边播放，一边对相关内容进行明确的解释，或者在关键内容上进行适当的停顿，进行详细的讲解之后，再继续播放，从而帮助学生更高效和更直接地获得思维上的感受，促使学生对内容的吸收和思考。

2. 动作示范法

动作示范法在体育教学中经常被用来帮助学生理解技术动作。简单来说，就是教师把具体的动作在学生面前按照标准做一遍，这样，学生就能够对动作的规范、要领和技巧有更加直观的感受，就更加容易掌握。学生如果光听理论知识，或者只是看视频，都不如教师当面示范更加生动、灵活，而且这种示范方式也更加富有感染力。学生在观看教师正确而优美的动作时，不仅能够建立正确的动作表象，还能够提高学生对学习的兴趣。

动作示范法有很多优点，但教师在运用过程中需要对以下几点特别注意。

（1）不要偏离示范的目标

有些教师在做动作示范时，把全部精力集中在技术水平的展示上，而忽视了动作示范的目的，学生不应单纯地欣赏教师的动作，而是要在观看教师的动作示范时，从中吸收有价值的内容。教师要始终意识到自己要达到的目的是什么，始终要思考究竟怎么做示范，才能使学生更加容易看清动作的要点，究竟怎么做示范，才能使学生学得更快更好。

（2）注意选择示范的位置和方向

在做动作示范时，教师的示范位置和示范方向如果选择不恰当，会对学生的学习效果产生很大的影响。如果教师示范的位置和方向，不能够让大多数学生看清示范动作，那动作示范法的作用就难以发挥，学生的学习效果就会大打折扣，而且学生的学习积极性也会被打消。一般来说，效果比较好的方式是，教师先让学生排列成某种有利于观看的队形，再依据这个队形的特点，找好自己的示范位置，最终的目的就是能够让所有的学生都能够清晰地看到自己做出的每个动作，而不会因视线遮挡的问题影响学生的学习效果。

（3）示范的动作要标准规范

示范动作如果出现不标准的情况，对学生的负面影响是很大的。因为学生无法判断教师动作的准确性，把示范动作当作标准来学习，如果学习到的动作不规范，掌握了错误的动作，即使以后意识到不对，纠正起来也是非常不容易的。因此，教师的示范动作务必追求精确、标准、熟练和美观，这样才能促进学生学习兴趣的激发，提升学习效果。

（4）要配合语言讲解

如果教师在进行动作示范的过程中，只是单纯地示范动作，不对动作做任何的讲解，学生可能不知道重点看哪里，看什么，抓不住重点和要点，那就失去了示范的意义，达不到想要达到的效果。所以，教师要一边进行动作的示范，一边用语言对重点进行讲解，从而帮助学生集中精力看关键的内容，掌握重点和难点。尤其是容易出现错误的地方，教师更应该重点指出，从而帮助学生提升观察的效果。

3. 助力与阻力教学法

体育教师在体育教学过程中，借助外力，通过触觉和肌肉的本体感受，使学生体验到正确的运动时机、力的大小、力的方向、力的时空特性，就是助力与阻力教学法。这种教学方法一般情况下被用在体育运动技术教学中，这是一种直观的教学方法，能有效地帮助学生掌握正确的技术动作。

4. 定向与领先教学法

（1）定向教学法

定向教学法是指，教师通过使用特定的静态视觉信号向学生提供相关指导的教学方法。比如，教师通过在体育教学中合理地利用标志点、标志线、标志物等，起到向学生指示动作的具体方向、动作的轨迹、动作的幅度等作用。

（2）领先教学法

领先教学法是指，教师使用特定的动态视觉信号向学生提供相关指导的教学方法。比如，教师在体育教学过程中可以使用动态的超前视觉信号向学生施加相应的刺激，以帮助学生成功完成技术动作。

（三）分解教学法

分解教学法是指体育教师在教学中，将完整的动作技术合理地分解成几个部分与段落，将动作的各部分逐个教授给学生，在学生熟悉了动作的各个部分之后，再将整个动作技术完整地向学生教授一遍的教学方法。运用分解教学法时，需要注意以下几方面内容。

1. 动作的分解方式要合理

体育教师分解动作时，要以动作技术的特点为依据，不能盲目地按照统一的标准进行生硬的分解。此外，分解的动作太长，不利于学生记忆，分解的动作太短，会过于烦琐，不利于最后的整合。因此，只有在分解时进行合理的安排，才能取得良好的教学效果。

2. 保持动作的完整性

体育教师将动作技术划分成若干个段落或者若干个部分，除了对划分长度要合理地安排，还要充分考虑各个部分之间的有机联系，虽然动作被分解了，但是整体结构的完整性却是不能被破坏的。如果破坏了整体性，不仅影响了技术效果，打乱了连贯性，而且在最后组合的时候，也会难以形成连贯的整体，使所有动作都受到影响。

3. 明确部分与整体的联系

分解是为了使学生对每一个动作都能清晰地掌握，而最终是为了更好地整合。体育教师要明确分解出来的每一部分在完整的动作中处于什么样的地位以及发挥着什么样的作用。只有这样，才能在把每一段落都掌握好的前提下，为最后的动作组合做好充分的准备。

二、体育教学方法的科学选用

（一）体育教学方法的合理选择

1. 依据体育教学目标进行选择

体育教学的目标是多层次的，它在身体发展目标、知识发展目标、技能发展目标、社会发展目标以及情感发展目标等方面都能够被具体地体现。教师采用不同的教学方法，能够促进不同层次的教学目标的实现。体育教学目标是多种目标的结合以及综合性体现，它们之间都是互相影响、互相联系的，与此同时，每个单元和每一节课的目标的侧重点又是存在差异的。因此，在体育教学的过程中，教师在选择教学方法时，需要根据每节课的目标，合理地选择某一方面的重点方法。

2. 依据体育教材内容进行选择

教学内容和教学方法之间的联系在体育教学中密不可分。针对不同的教学内容，要采用不同的教学方法与之相对应。因为不同的方法会更适合于不同的内容。比如，如果是偏重理论方面的内容，语言教学方法就比较适合，也比较能发挥教学效果。如果是偏重于实践方面的内容，直观示范教学方法更为适合被采用。所以，教学方法的选择会受到不同性质的体育教学内容的影响。此外，即便是同样的教学方法，如果被运用到不同的教学内容中去，也会产生不同的效果。因此，教学方法的选择在体育教学过程中不是固定的，也不是一成不变的，只有对教学方法灵活地运用，才能在体育教学中发挥教学方法的最佳作用。

（二）体育教学方法的科学运用

科学运用教学方法需要注意以下两点原则。

1. 启发性原则

无论采用哪种形式的教学方法，是否有利于调动学生的学习积极性和主动性，是否可以促使学生进行积极的思考与自主的探索，是否可以促使学生整体素质的全面提高，都是需要在体育教学活动中进行充分考虑的。对教学方法的优化组合还要注重对学生学习兴趣和动机的培养，从而使学生的积极性得到充分的发挥。

2. 最优性原则

教学方法不同，其自然就具有不同的特点、功能和应用范围，而且各自的优势与不足也有差异。因此，在对教学方法进行组合运用时，不同体系的综合教学方法会因此而形成，每一套教学方法的特点也各不相同。对此，教师在进行体育教学方法的优化组合时，应以实际需要为依据，选择一套最符合实际情况的教学方法。教师在选择教学方法时，应从整体入手，将各种适应相关教学内容的教学方法进行有机的结合，从而将教学方法体系的整体功能充分发挥出来。

第二节　现代体育教学方法体系的构建

一、树立提高素质的新理念

在当今时代，社会、经济和科技的发展对人才提出了更高的要求，为国家培养高素质人才是高等教育工作者的重要任务。当前，高校的教育教学在许多方面只重视学生的专业知识、技能教育，而忽视了培养学生的综合素质，因此，要打破传统的观念，树立提高素质的新理念。素质教育应当是通过科学的途径和方法，通过促进人的身心和谐发展，从而达到提高人的素质的效果。高校学生素质教育的实施必须通过高校课程来完成。高校体育课程教学是在体育活动中将思想道德教育、文化科学教育、生活技能教育和体育技能教育相结合的教育过程。

二、构建体育教学内容的新体系

从确定教学内容的角度出发,将健身性、人文性、民族性、世界性相互结合。同时,教学内容的选择还要与学生的特点相符,与学校应有的条件相符。除此之外,还应当遵循学生身心发展的规律、兴趣爱好以及个性发展的需要。

从体育教学长期的效果来看,应增加终身体育和社会体育的内容。现代体育正朝着社会化和终身发展的方向发展,大学生毕业后面临着从学校教育到社会的转型,进入社会后,应根据不同的环境和条件,在人生的不同阶段进行体育锻炼,发展身体,增强体质。

第三节 新时期体育教学方法的创新发展

一、多媒体技术的基本特征

(一)多维性特征

多媒体技术的多维性是相对于计算机而言的,也可称为媒体的多样化或多维化。运用多媒体技术可以把计算机所能处理的信息媒体的范围予以扩大,并且扩大的范围不仅仅局限于原来的数据、文本或单一的语音和图像。人类的五种感觉中,视觉、听觉和嗅觉占据了总信息量的95%以上。而多媒体技术处理复合信息的水平远远不及人类的处理水平。多媒体计算机通过对信息进行组合、加工和变换,能够对信息进行创作,从而使信息能够更好地表现出来,使信息更加生动,使表现力更加丰富,使用户在接收信息时能够更加准确。

(二)集成性特征

所谓的多媒体技术的集成性特征,主要指的是多媒体技术能够将不同类别的多种媒体信息有机地进行同步组合。不仅如此,集成性还存在另外一层含义,指的是对这些多媒体信息进行处理的工具或者设备的集成,包含视频设备、储存系统、音响设备、计算机系统等的集成。

总而言之,集成性指的是将各种媒体紧密地进行关联,使文字、声音、图片与音像的处理实现一体化。

（三）交互性特征

所谓的多媒体技术的交互性特征，主要指的是人和人之间、人和机器之间、机器和机器之间的交互活动，其中尤为重视人和机器进行对话的能力，即使用者同机器之间进行沟通的能力。这也是多媒体计算机系统不同于传统音响、电视机等家电设备的地方。根据实际需要，人们能够选择、控制、检索多媒体系统，同时，还能够参与到播放多媒体信息与组织多媒体节目中。传统的只能对编排好的节目被动接收的电视机形式已经被打破。

（四）数字化特征

所谓的多媒体技术的数字化特征，主要是指在多媒体计算机系统中，各种各样的媒体信息都是以数字的形式在计算机中存放并得到处理的。例如，以矢量方式储存与处理的图形、以点阵方式储存与处理的图像、以数字编码方式储存与处理的音频和视频。在数字化技术发展的背景下，多媒体技术得到了广泛的传播与发展。

二、应用多媒体技术的重要性

（一）使高校体育教学观念得到更新

高校体育教学的传统教学模式是以教师的教为中心的，在高校体育教学应用多媒体技术，能够使此种传统高校体育教学模式发生改变。体育教师在进行授课的过程中，将多媒体教学思想进行了展现，即以学生的"学"作为中心。这能够极大地促进高校体育教学方法的变革。

（二）使高校体育教学的质量得到提高

在体育课程的传统教学活动中，教师主要应用的教学方式是以讲授为主，以挂图等展示方式为辅。在实践课中则需要体育教师进行讲解与示范，在主观条件与客观条件的约束下，教师很难做到完全规范、标准的技术动作示范，在较短的时间内，学生很难形成正确的动作概念，而这样的高校体育教学效果也是可想而知的。应用多媒体技术使得上述的状况得到改变，在文字与图片的辅助下，体育课程的抽象概念得以具体化、形象化，而通过计算机，教师能够对难度较高的体育技术动作进行模拟演示。慢动作可以帮助学生看得更仔细，更清楚。在多媒体技术的支持下，学生对这一系列动作进行清晰的感知，有助于学生形成相关体育概念并掌握动作要领，方便进行模仿，使得高校体育教学的效率与效果得到极大的提高。

(三)使学生的体育学习效果得到提高

多媒体技术能够使人的视觉、听觉等多种感官系统得到刺激,促使大脑不同功能区域交替活动的开展,使体育学习更加生动化、形象化,增强高校体育教学活动的趣味性与直观性,方便学生对体育技术动作的理解。多媒体技术通过综合利用字体、图表、音乐、动画等多种表现手段,使得高校体育教学内容的艺术表现力与感染力得到增强,使高校体育教学的课堂氛围得到活跃,特别是应用多媒体技术对肢体和谐美、力量与技艺美的体现,使高校学生真正认识到体育的功效与社会价值。

三、多媒体 CAI 在高校体育教学中的应用

(一)课件设计

体育课件的结构主要包含两个组成部分,即原理教学模式与训练教学模式,具体如图 5-1 所示。而对于体育多媒体计算机辅助教学(CAI)课件而言,总体的结构组成是高校体育教学内容与高校体育教学目标,其主要目标是使学生对体育基础知识和基本技术、技能进行掌握,使学生的身体素质得到提高,使学生的良好思想品德得到培养,促使学生观察能力与模仿能力的提高,具体如图 5-2 所示。而体育多媒体 CAI 课件的主要内容由理论课与实践课构成。

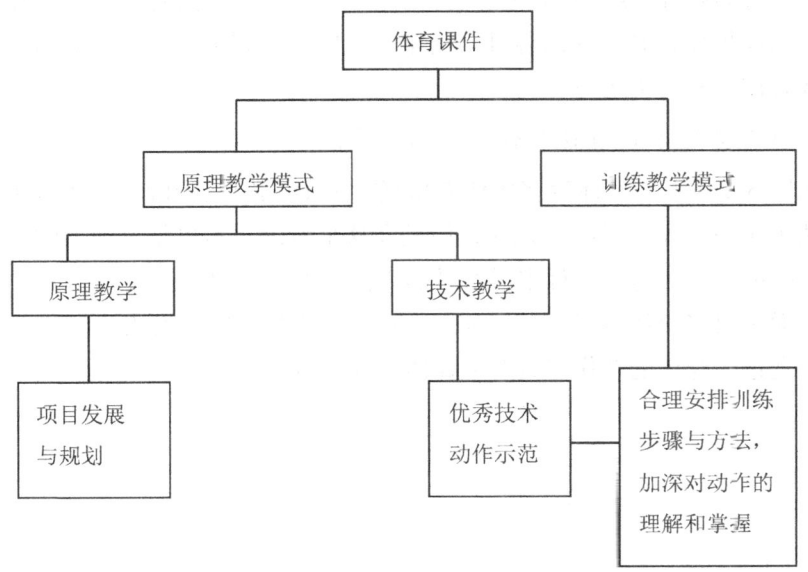

图 5-1 体育课件基本结构图

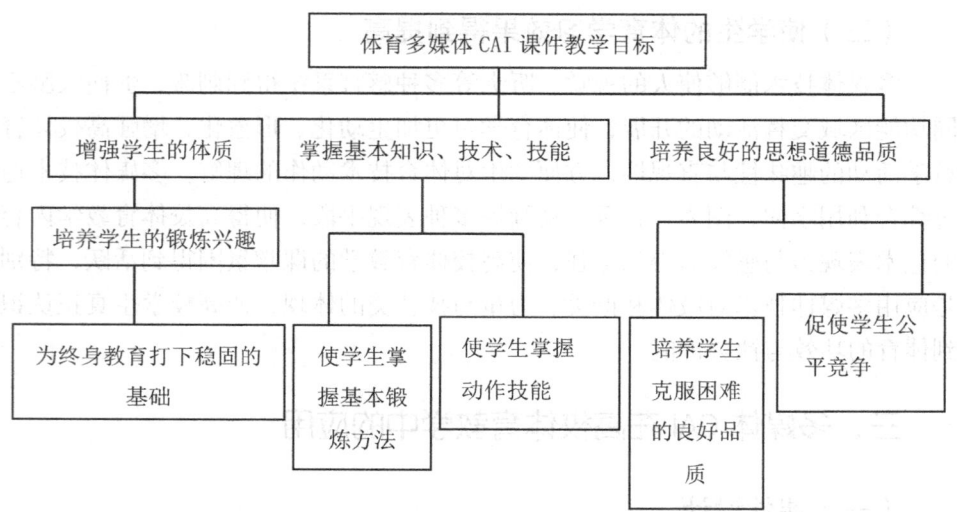

图 5-2 体育多媒体 CAI 课件教学目标基本结构图

1. 体育多媒体 CAI 课件设计的第一阶段

在体育多媒体 CAI 课件设计的第一阶段，首先要对题目进行确定，之所以对题目进行确定，目的在于了解课件设计所依据体育课件的规范。

2. 体育多媒体 CAI 课件设计的第二阶段

在体育多媒体 CAI 课件设计的第二阶段，要对脚本进行撰写。撰写脚本的目的是对高校体育教学的内容进行安排，主要由具有丰富教学经验的高校体育教师或者作者来负责撰写。

3. 体育多媒体 CAI 课件设计的第三阶段

如图 5-3 所示，在体育多媒体 CAI 课件设计的第三阶段，需要编制软件，在前两个阶段中还只是纸上谈兵，但是在这个阶段，不再是字面上的，而是课件的实际材料。在这一过程中需要做的工作有以下两项：

①通过对多媒体编辑工具的利用，对多媒体数据进行确认；
②通过多媒体的著作工具对多媒体课件进行制作。

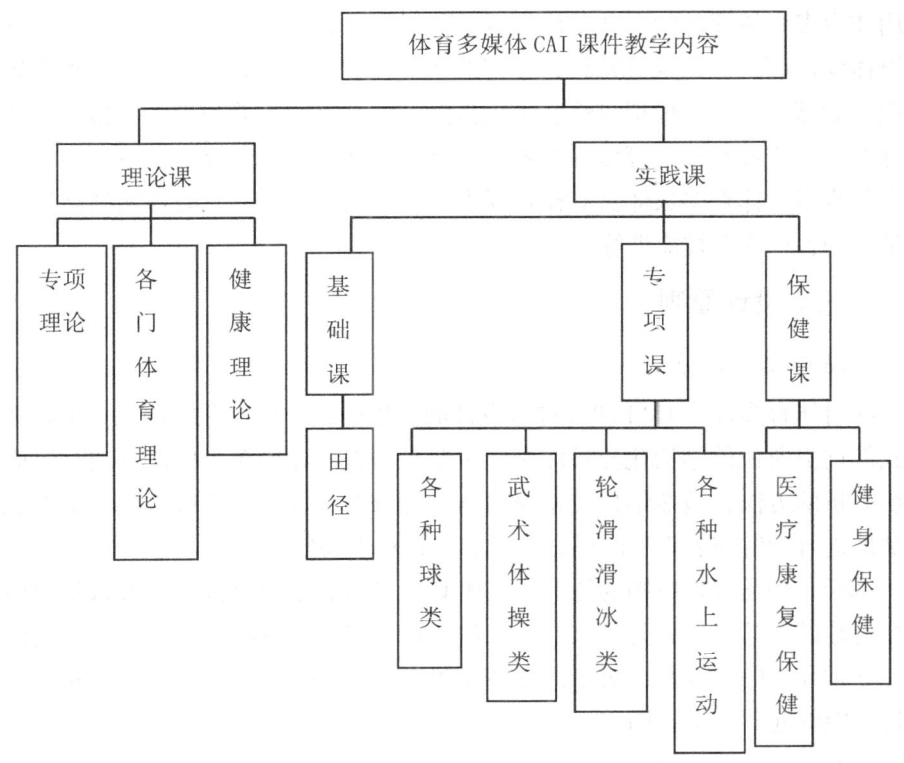

图 5-3　体育多媒体 CAI 课件教学内容总体结构图

4. 体育多媒体 CAI 课件设计的第四阶段

在体育多媒体 CAI 课件设计的第四阶段，需要测试、检验。当完成了体育多媒体 CAI 课件的开发、设计工作以后，就需要进行测试、检验。

（二）选题原则

我们都需要承认的是体育多媒体 CAI 课件具有的特点与优势是非常强大的，然而，有时候也会有相对的不足与局限，因此，在完成全部教学任务的过程中，不能对体育多媒体 CAI 课件过分依赖，还应该综合考虑高校体育教学目标、高校体育教学条件、高校体育教学资源与高校体育教学内容，保证选择的最优化，并精心设计。

我们要对体育多媒体 CAI 课件设计的价值进行考虑，也就是这堂课究竟有没有使用课件的必要。如果传统的教学方式就能够使良好的教学效果得以达成，就没有必要花费大量的精力去对体育多媒体 CAI 课件进行制作。如果很难使用语言对高校体育教学过程中的难点与重点进行清晰的表达，在这样的情况下，使用体育多媒体课件的形式是比较合适的。之所以这样，主要原因是对于体育多媒体课件而言，自身具备较为丰富的功能，能够将声音、视频、动画汇集在一起，能够更贴切地模拟自然、表现自然，或者是在实验条件的支持下，通过局部放大、旋转与重复等多种方式进行展现，从而有效地突破高校体育教学的重点与难点。体育多媒体具有比较强大的模拟功能，能够有效地实施高校体育教学中的各种模拟技能训练。

（三）设计原则

1. 结构化分析原则

在对体育多媒体 CAI 课件进行设计的过程中，应该遵循结构化分析原则，而我们这里所说的结构化分析原则，主要是指设计体育多媒体课件的时候应用系统分析的方法，按照结构要素对事物进行分解，等到对于所有的要素都能够清楚地进行理解与表现的时候，就能够停止对事物的分解了。

基于结构化分析原则的体育多媒体 CAI 课件，能够将高校体育教学的内容进行清楚的表达，不管是从宏观上来讲，还是对于局部细节而言，所做的认识都是非常详尽的，因此，对于体育多媒体 CAI 课件中框架的展开与学科内容的设计都能够起到促进作用。

2. 模块化设计原则

所谓的体育多媒体 CAI 课件设计的模块化设计原则，主要是指按照结构化分析的框架图指示，将相同或相近的部分设计成模块，使其相对独立，用模块图表示出单一功能模块的结构，由此对课件系统及与之相应的功能结构进行确定。

3. 个别化教学原则

教学设计不应只为少数学生服务，它应该是能够使大部分学生都适应的。学生与学生之间的能力水平和喜好又是不相同的，要有针对不同层次学生的课件设计。在对高校体育教学内容进行选择与组织的时候，要具有广泛的适应性，应该保证某一层次的所有学生都能够适用。同时，根据学生不同能力的差异，设计相应的高校体育教学程序和对策。

4. 反馈和激励原则

在体育多媒体 CAI 课件中，要保证友好的交互界面，充分调动学生体育学习的积极性，使学生的学习状态一直能够保持良好。与此同时，对体育教学的效果也要进行及时有效的强化，从而给学生带来及时的正向的激励。

5. 贯彻教学设计原则

在对高校体育教学的结构与内容进行设计的过程中，体育教师不能单纯地依靠传统的方法与经验对其进行设计，还要适当地使用系统的技术和方法，进而对高校体育教学的诊断工作进行实施。

（四）具体设计方法

1. 从课件可教性方面考虑

制作体育多媒体 CAI 课件的主要目的是使体育课堂教学的结构得到优化，使体育课堂教学的效率得到提升，在保证促进体育教师教的同时，还要促进学生的学。所以，在设计体育多媒体 CAI 课件之前，我们应当对其存在的教学价值进行考虑，也就是说，考虑这堂课是不是有必要使用体育多媒体 CAI 课件。在对体育多媒体 CAI 课件的内容进行制作时，应该尽可能地应用那些不存在演示实验，或者是演示实验不容易做的高校体育教学内容。

2. 从课件易用性方面考虑

（1）应便于安装

体育多媒体 CAI 课件应该便于安装，且能够随意拷贝到其他硬盘上使用。首先，体育多媒体 CAI 课件应该保证启动比较快速，避免体育教师和学生焦急等待的情况出现。其次，体育多媒体 CAI 课件应该尽可能占据较小的容量，需要注意的是，对于体育多媒体 CAI 课件越大越好的错误观念必须要更正，伴随网络技术的日新月异，体育多媒体 CAI 课件最好在网络环境下运行。

（2）应界面友好

体育多媒体 CAI 课件应该具备友好的操作界面。对于体育多媒体 CAI 课件而言，其操作界面应该包含一些具有明确意义的按钮和图片，同时还要能够通过鼠标进行操作，避免出现一些特殊的情况，如键盘操作复杂等。此外，应该合理设置体育多媒体 CAI 课件各个内容间的转移，保证方便地操作。

（3）应保持稳定

体育多媒体 CAI 课件的运行要保证一定的稳定性。如果体育教师在使用体育多媒体 CAI 课件时做出了错误操作，那么就十分容易产生退出的情况，也会出现计算机重新启动的情况。因此，在体育多媒体 CAI 课件具体的操作过程中，体育教师应该尽可能地减少死机的情况，甚至不出现这类情况，以保证体育多媒体 CAI 课件运行过程中具有稳定性。

（4）应保证交互应答

在体育多媒体 CAI 课件运行过程中，应该保证及时地进行交互应答，而不能将体育多媒体 CAI 课件等同于电影。同时，体育教师应该高度重视学生的学，使学生学习的过程是循序渐进的，为学生留出更多的思考余地。

3. 从课件艺术性方面考虑

对于一个体育多媒体 CAI 课件而言，它的演示在保证良好教学效果的同时，还应该是令人愉悦的，只有这样才能够将美的享受提供给体育教师与学生。如果上述的两项因素都能够保证，那么就表示这样的体育多媒体 CAI 课件存在着较强的艺术性特征，其完美地融合了优秀的内容和优美的形式。值得我们注意的是，想要实现这两个目标一点也不容易。体育教师不仅要具备一定的美术基础，还要具有一定的审美情趣。

（五）创作工具选择

1. 基本原则

（1）高效原则

在体育多媒体课件创作的过程中，将会应用多媒体的开发、创作工具。对于多媒体开发、创作工具而言，其存在的特点主要有具有丰富多样的效果、具有较高的媒体集成度、看到的就是得到的。这是传统"语言"系统所做不到的。

（2）易用原则

体育多媒体课件的实际操作具有简单、便捷、方便、容易使用等多项特征，如果想要体育教师真正地接受并使用他们，就需要他们在较短的时间内掌握多媒体课件的使用方法，即便这个体育教师对于程序设计一窍不通，甚至是对于计算机的操作也了解甚少。

（3）开放原则

在体育教学开展的过程中，可以使用的素材是富有变化的，因此，体育多媒体课件必须要拥有一个几乎被所有多媒体格式都能兼容的体育多媒体课件创作开发平台，在能够提供或者应用各种各样体育教学素材的同时，还能够支持各种各样输入的设备格式。此外，还应该保证存在的所有素材都能够得到充分利用。

（4）价廉原则

体育多媒体课件创作工具的选择应遵循价廉原则，要保证在任何一个领域中都适用。只有价廉，才能更广泛地被传播和利用，才能使更多的学生受益，才能使课件的作用真正发挥。当然,"质优"是必要的前提。如果一味地追求价廉,却忽视了质量,反而会影响学生的学习效果,得不偿失。

2. 创作工具简介

(1) 幻灯式多媒体创作工具

体育多媒体课件创作过程中的幻灯式多媒体创作工具,一般来讲是一种呈现以线性为主的体育多媒体创作工具。而此种创作工具在应用中是通过一系列的幻灯片的排列来对过程进行呈现的。幻灯片可以是单一的文字形式,也可以是单一的图片形式,还可以是由声音、图像、文字、视频或者动画等多种要素结合在一起的体育多媒体课件复杂组合,但是,有一点需要强调,那就是一般来讲,此种体育多媒体课件创作的幻灯式多媒体创作工具在开始使用之前必须要预先设置一个完整的展示程序。对于体育多媒体课件创作的幻灯式多媒体创作工具而言,其某一些特殊存在能够提供一定程度的交互,再按照一定顺序解决体育多媒体教学课件界面中存在的键盘操作、鼠标操作与按钮操作问题。在对体育运动技术动作进行设计的时候,必须要借助动作按钮的功能,完成超级链接。

幻灯式多媒体创作工具中比较典型的就是演示文稿,其显著特点就是简单、易学、易用,能够展示出一个完整的软件环境。其不仅包含集成工具、格式化流程、绘画,还包含了其他的多种选项。此外,对其包含的许多模版,我们可以直接进行调用,但是,此多媒体创作工具也是存在缺点的,即只存在简单的交互。在学术报告、汇报与演示过程中对此种幻灯式多媒体创作工具使用较多。

(2) 书页式多媒体创作工具

书页式多媒体创作工具的主要特点是,将相关的高校体育教学内容制作成一本书的形式,当然也存在"页",并且这些页像书稿一样,也有一定的顺序。而上述的这一特征同体育多媒体课件创作的幻灯式多媒体创作工具是比较近似的,但是,两者之间也肯定会存在一定的差别,即在页与页之间也能够有效支持更多的交互形式,给人一种浏览真实书稿的感觉。书页式多媒体创作工具的典型是 Tool Book,此软件能够利用应用程序,使之成为具有很多页的书籍,在它自己的窗口中可以对每一页的内容进行画面展示,并且里面有大量的交互信息与媒体对象。可以说,书页式多媒体创作工具与幻灯式多媒体创作工具相比,显示出更加丰富的特点。对于 Tool Book 来讲,在一个独立窗口上,每一次只能显示出一部分内容。此外,还能够在打开某一本书的某一页内容的时候,同时打开其他的书籍，所以，可以充分考虑建立一个更加复杂化的层次结构，也就是所谓的书架式的应用程序。

（3）时基模式创作工具

这里所说的时基模式创作工具，是一种常见的多媒体编辑系统，主要将时间作为基础，通过此种编辑创作工具制作出的内容近似于卡通片或者电影。时基模式创作工具通常是利用看得见的时间轴来对时间段与事件的顺序进行确定，它的出线形式可以是许多的频道，从而能够呈现多种对象。通常在这样的系统中会有一个控制面板，主要是为了对播放进行控制，一般来讲就像常见的录音机，主要包含了演出、快进、倒带、前进一步、后退一步、停止等按钮。

（4）网络模式创作工具

对于网络模式创作工具而言，它可以允许程序组成一个自由形式的结构，即可以从任何一个地方到另外的任何一个地方。同时，它存在着不固定的结构与呈现顺序。在利用网络模式创作工具进行创作的过程中，仍旧需要作者建立自己的结构，也就是说作者需要尽可能多地完成工作。但是，此种创作工具具有多种层次，比较典型的软件是"MEDIA Script"，能够使用户随意地跳转到其他的对象上，访问是完全随机的。网络式的实现可以利用任何一种程序语言，然而，它对计算机的操作具有较高的要求，首先需要作者至少是一名程序员。

（5）以传统程序语言为基础的多媒体创作工具

对于程序员来讲，其比较擅长编程，想要他们应用多媒体创作系统，完全地丢弃他们所熟悉的语言创作工具是非常困难的，几乎不可能实现。在这样的情况下，我们不仅要适当地保留传统语言的特征，还要对设计程序过程中所涉及的环境进行改进，使之能够向可视化操作转变。如果这样的话，在编写程序的过程中，程序员在充分利用传统语言的同时，不仅能够使用多媒体开发的工具箱，还能够直接使用工具箱内的这些编码，使之变成能够得到重用的编码。可以预见，此种多媒体创作工具的应用前景是相当广阔的。

四、基于 Web 的体育多媒体网络课件的教学设计

（一）体育多媒体网络课件设计的特点

1. 强调"以学生为中心"的思想

在设计体育多媒体网络课件的过程中，应该使学生自身的主体性作用得

到有效的发挥,将高校体育教学课内与课外相结合,使学生自觉参与体育锻炼活动。

2. 构建教学情境

在构建教学情境的过程中,教师可以开展一系列的活动,促使学生有效利用现有认知结构中的一些相关经验,使他们可以更好地理解现阶段所学的体育课程教学的新知识,进而将某种特殊的意义赋予到新的高校体育教学知识中。因此,在对体育学习情境进行构建的过程中,必须要强调知识点与知识点间的结构关系,注意不能只是简单地罗列高校体育教学内容。

3. 强调协作学习发挥的重要作用

在设计体育多媒体网络课件的过程中,要有效地发挥学生与周围环境之间存在的交互作用,利用网络环境强化协作学习的作用,这对于学生充分理解高校体育教学内容有着非常重要的作用。

4. 强调对学习环境的设计

我们这里所说的学习环境,通常指的是学生能够自由地进行学习与探索的场所。在学习环境中,学生为了能够使自身的学习目标顺利实现,需要充分地利用各种信息资源与工具。基于 Web 的体育多媒体网络课件的设计,在以学生为中心思想的指引下,并不是从高校体育教学环境出发进行设计,而是针对学习环境展开一系列的设计。这样做的缘由是,更多的控制与支配产生于教学过程中,而更多的主动与自由则产生于学习过程中。

5. 强调学习过程中各种信息资源的有效利用

在开展体育多媒体网络学习的过程中,为了能够有效地促使学生主动获取知识,需要教师将更多有效的各类信息资源提供给学生,从而促使学生自主学习活动与协作式探索的顺利开展,使学生科学合理地利用媒体与资源。因此,在选择、设计同传统课件设计相关的教学媒体时,需要应用全新的、有效的处理方式。比如,充分考虑如何获得信息资源、获取信息资源的途径有哪些、怎样有效利用信息资源等多项问题。

(二)体育多媒体网络课件的结构设计

在设计体育多媒体网络课件结构的时候,需要考虑的因素有高校体育教学的目标、高校体育教学的内容、交互方式的性质。体育多媒体网络课件的结构主要建立在高校体育教学内容的基础结构上。对于体育多媒体网络课件而言,其组织结构从本质上来讲也是多媒体各种信息的组织结构。它可以保证体育多媒体网络课件的相关教学功能与大致框架得到充分的反映。对于体育多媒体网络课件而言，其总体结构主要由两个部分构成，分别是高校体育教学的内容和网络交互。其中，高校体育教学的内容，不仅包含体育课程教学大纲要求的全部内容，还包含一些扩充性的知识。在应用高校体育教学网络手段的前提下，大量同体育课程教学核心内容相关的补充性知识在体育课程教学内容中能够有机融合，进而构建特定环境。对于那些有不同兴趣、爱好的学生而言，能够为他们的个性化学习提供适当的支持。

对于体育多媒体网络课件而言，其包含多项内容。例如，相关课程的介绍、课程讲解的要点、教师答疑解惑、课程讨论、作业处理与课程公告，等等。其中，相关课程的介绍主要有对学习总体目标、考核的办法、学习方法、学习进度与课时安排等的介绍。

（三）撰写脚本与设计素材

1. 文字脚本的撰写

通常利用 Word 软件来实现文字脚本的撰写，在内容的选择上，不仅要考虑高校体育教学的知识点，还要利用文字清晰地表达出教师的讲解，另外还要在引入图形、图片、动画及视频的文字处及超文本链接处做出标记，以便于后期的制作者使用。

2. 声音脚本的撰写

在网络条件的制约下，如果在高校体育教学网络课件中对于大量的声音文件进行应用，很有可能会降低了其最终的运行速度，所以，声音文件的使用只能在特别需要的地方才可以。

3. 关于图形、图片的设计

我们常说的图片，就是指利用拍照技术而生成的图片。当体育教师向学生讲解高校体育教学内容的时候，可能需要使用到大量的图片。我们常说的图形，就是指利用计算机的相关软件而绘制出来的示意图。

4. 关于动画的设计

这里所说的动画，主要是指动态的图形或图片。在基于 Web 的体育多媒体网络课件中，动画的使用只是为了表达原理性的一些内容。例如，体育教师在讲解球类运动的战术配合问题的时候，就需要应用到二维动画。在对相关动画进行设计的时候，首先需要进行设计的就是最原始的静态图形，然后需要通过文字与图示对初始动态图形的每一个变化过程进行说明，同时，还要以文字撰写的形式编写相应的解说文字。对于动画脚本而言，其主要构成有每一步动作的图形、说明性的文字与线条、图片中的文字提示、解说的文字等。一般来讲，一套规范的制作表必须要通过制作人员和脚本撰写人员一起来进行商讨、确定，这对于撰写脚本与双方交流活动的开展能够起到一定的促进作用。

5. 关于视频的设计

在基于Web的体育多媒体网络课件设计过程中，视频的拍摄类似于图片的拍摄。通常来讲，视频的拍摄和图片的拍摄在步骤上是一致的。同时，如果拍摄过程中使用的是数字摄像机，那么图片拍摄与视频拍摄事实上就是处在同一个过程中的。

6. 关于功能的设计

对于基于Web的体育多媒体网络课件而言，它包含很多功能的设计内容。功能设计的目的主要是最大限度地使用多媒体网络手段，以便于使特定内容对教学活动的完成起到一定的促进作用。

在基于Web的体育多媒体网络课件中，按照总体结构的相关要求，通常通过三级结构对界面进行设计，分别是主要界面（也就是网络课件的主页面）、选择内容的界面、讲解内容的界面。

在基于Web的体育多媒体网络课件的主要界面中，通常存在两组可以选择内容的按钮，分别是高校体育教学内容组按钮和网络交互组按钮。为了适当地减少页面切换的数量，提升基于Web的体育多媒体网络课件的运行速度，在选择内容的界面，设置每一节内容选择按钮时，还要设置每一章节的切换按钮。针对不同的体育教学内容，高校应综合利用各种形式的体育教学手段，可以采用的高校体育教学手段有文字介绍、动画讲解、图像图片、录像片段等。不仅如此，基于Web的体育多媒体网络课件还可以设置其他超文本链接形式的按钮。在基于Web的体育多媒体网络课件中，其界面存在的各式各样的按钮充分考虑了学生的各种需求。

基于Web的体育多媒体网络课件，其应用与发展在对高校体育教学手段与高校体育教学方法进行改革与创新的同时，还会在一定程度上影响到体育教育理论的发展与高校体育教学模式的发展。未来多媒体课件中的一种重要形式就是基于Web的体育多媒体网络课件，同时它也将成为网络教学发展的重要资源之一。

第六章　体育教学设计要素的改革

体育教学设计是体育教学的重要组成部分，对体育教学有着重要的影响和作用。对体育教学设计的相关要素进行分析与研究，能够为体育教学的改革和发展奠定良好的基础。本章分为体育教学目标的设计、体育教学策略的设计、体育教学环境的设计、体育教学模式的设计、体育教学评价的设计五部分，主要内容包括体育教学目标概述、体育教学目标设计的意义、体育教学策略的特点、体育教学环境的设计原则、优化体育教学环境的途径、体育教学模式的设计步骤、体育教学评价的概念、"三位一体"体育教学评价体系及其设计等方面。本章主要对体育教学设计要素的改革进行了简要分析。

第一节　体育教学目标的设计

一、体育教学目标概述

（一）体育教学目标的概念

体育教学目标主要指完成体育教学活动后，对学习者行为状态的详细描述。体育教学目标决定着体育教学的方向，是体育教学的出发点和归宿。体育教学目标也可以看作人们对体育教学活动结果的一种主观愿望。

从某种意义上来说，体育教学目标是由教师根据有关体育教学环境和条件的实际情况、学生实际、体育教学的本质和功能、课程标准、教育法规制定的，是体育与健康课程目标的具体化。

综上所述，体育教学目标具有测评、调控、操作、指引、导向等功能，是教学活动设计、实施的基本依据。

（二）体育教学目标的主要特点

体育教学目标的特点主要体现在以下几个方面。

1. 可行性特点

教师与学生的"教"与"学"是实现体育教学目标的关键，因此体育教学目标十分重视其可行性、现实性特点。这就要求我们在制定体育教学目标时必须将学生的身心发展特征相结合，并以体育课程目标为主要依据，才能更好地保证该目标所呈现出的可操作性和明确性。

2. 一致性特点

教师与学生双方的合作关系与体育教学目标的实现有着密切的联系，即体育教学目标对教师与学生之间的合作具有导向性，从而使两者形成较强的一致性。获得师生之间共同的认可与理解，是教师与学生共同的目标。在体育教学过程中，体育教学目标的落实不仅体现在学生学习过程的行为表现中，还体现在教师的教学活动中。

3. 具体性特点

由于体育教学目标是把师生目前的状态转变为期望状态的航标，因此体育教学目标必须对达到目标的标准、目标的内容、实现目标的条件和目标的主体进行详细的说明。

4. 预期性特点

体育教学目标是在进行体育教学互动前，教师以体育教学和学生的实际情况为主要依据，并根据体育与健康课程标准的要求，对学生在体育学习过程中所要达到的标准进行预计。

5. 灵活性特点

教师根据具体的体育教学要求对体育教学目标进行创造性的编制，其中需要考虑的因素有很多，如学生之间的差异、班级的差异、学校的差异和地区的差异等。因此，教师在编制的过程中，必须以教师的教学水平和学生的学习状况为主要依据，且体育教学目标必须具有一定的弹性，才能保证学生对相关知识和技能的灵活掌握，从而提高教学效果。

（三）体育教学目标体系

想要深入地了解体育教学目标体系，可以从以下两个方面对其进行了解。

1. 从纵向上认识体育教学目标体系

体育教学目标体系是由一系列有递进关系的目标所构成的，它包含着不同的层次和水平，如图 6-1 所示。

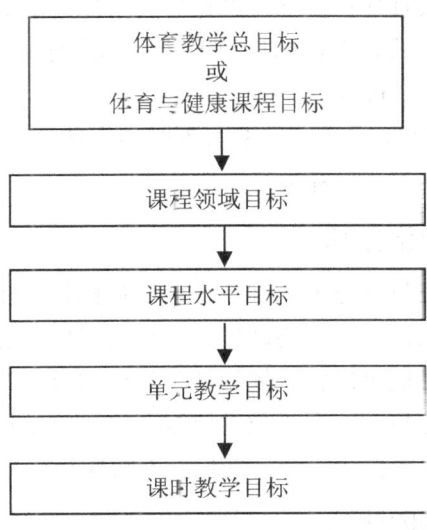

图 6-1　纵向体育教学目标体系

2. 从横向上认识体育教学目标体系

体育课堂教学目标作为一个"目标群"，为了能够充分体现出体育教学培养学生全面发展的整体功能，要求教师在制定体育教学目标时必须从体育与健康知识动作技能和情感、态度、价值观等几个领域进行全面的思考，才能更为准确地把握体育教学目标，如图 6-2 所示。

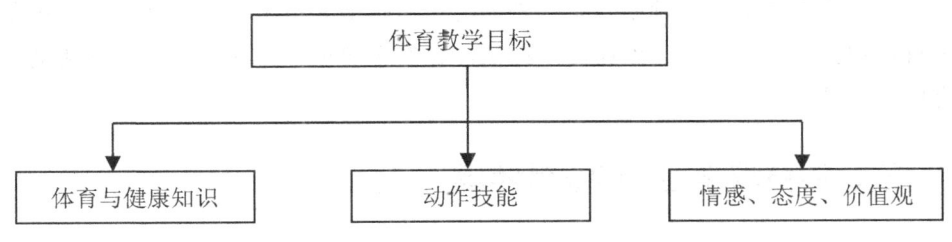

图 6-2　横向体育教学目标体系

二、体育教学目标设计的基本要求

（一）要做到难度适中

体育教学目标的设计应符合学生经过努力可以达到的程度，即学生的"最近发展区"。难易适中的教学目标有利于学生体验到成功的愉悦，同时也能充分调动学生的主动性和积极性。

除此之外，还需要强调体育教学目标对学生个体差异和体育教学的针对性，即应根据不同的学生特点对目标进行一定的调整。

（二）要做到细化分解

将体育教学的一般目标分解成细致的操作目标是将体育教学目标转化为包含表现性、体验性目标的具体行为动作，即行为目标，这是将体育教学目标落到实处的重要方法。我们可以将具体的教学目标划分为两类，即学习目标和依据学习目标编写的行为目标。由于教学质量受体育教学目标细化分解的影响，因此教师必须重视对体育教学目标的细化，不断提高自身分解目标的能力。

（三）要做到整体协调

体育教学目标作为一个整体系统，包含了各种层次的具体目标，在设计体育教学目标的过程中，要重视整体的协调和对系统的把握。这就要求教师不仅要使各类、各层具体的教学目标充分连贯，使之能够充分体现体育教学目标的联系性、递进性、层次性等特点，形成一个完整、和谐的整体，还要对各类、各层分别进行具体教学目标的设计。

（四）要做到表述确切

体育教学目标应将预期效果的外显行为清晰地表述出来，因此必须采用便于直接观察的行为动词，不仅便于评估体育教学效果，还能对体育教学活动有直接的指导。

三、体育教学目标的设计步骤

（一）编写体育教学目标

近年来，我国高校不断开展各种体育教学实践活动，根据其效果可知，教师编写体育教学目标时需要注意以下几个方面。

①必须深入了解体育教学目标具有的可测量性、可观察性和精确性，从而克服对教学目标的模糊性和不确定性。

②必须对学生学习后所能达到的水平做出具体的说明。

③必须将笼统的目标转变为具体的教学目标。

一般情况下，一个完整的体育教学目标应该包括四个方面，即程度、确定行为的条件、学生的体育行为和教学对象。

（二）分析体育教材内容

在设计体育教学目标时，应对体育教材内容进行分析，了解体育教材的深度、范围、功能和特点，使体育教材内容与体育教学目标相适应，并服务于体育教学目标，这样才能使体育教学目标的实现得到有力保证。

在体育教学目标的设计中，教师还应对体育教材内容的功能和特点等方面进行一定的分析，明确学生需要掌握的体育健康知识和技能，并以此为依据有针对性地对学生的社会适应能力和心理品质进行培养，这样才能更好地借助体育教材内容制定相应的教学目标。

四、体育教学目标设计的意义

体育教学目标设计的意义主要体现在以下几个方面。

（一）对于体育教学评价是有利的

体育教学必须以体育教学目标为主要依据才能得以进行。在制定评价内容时，无论是形成性评价，还是诊断性评价都必须以体育教学目标为依据，从而明确学生需要学习的内容和预测能够达到的水平，有利于学生增强自我调控能力、找出与教学目标的差距、进行互评和自评。

（二）对于体育教学目标的实现是有利的

体育教学目标的设计，能够使教师从纵向和横向两个方面来对体育教学目标有一个全面、具体的了解与认识，对体育课程有一个清晰的统一认识，因为其要求教师能够对体育课程标准和教材内容做任意的处理，从而使课程的方向性和稳定性得到保证。精心设计的体育教学目标能够对体育课程内容的覆盖范围进行准确的检查。只有保证制定的体育教学目标是科学的、准确的，才能将其对教师高效地开展教学活动的指导作用充分体现出来，从而有利于体育与健康课程目标的实现，对学生的身心全面发展起到促进作用。

（三）对于学习者的学习是有利的

在学生的体育学习活动中，体育教学目标具有一定的导向作用。体育教学目标决定着学生学习体育活动的方向，能够有效地避免学习过程中的盲目性，从而保证学习过程顺利进行。

除此之外，科学的、合理的、与学生实际情况相适应的学习目标能够有效地增强学生的自信心，使其充分发挥学习的主动性和积极性，有利于提高学生的学习水平和增强学习责任感。

（四）对于教师的教学是有利的

教师在开展教学活动时，体育教学目标对教师的教学发挥着一定的调控作用，同时还对教学活动起到一定的导向作用，主要表现在以下两个方面。

①能够帮助教师建立一种灵活的思维方式。

②能够帮助教师厘清教学思路。

第二节　体育教学策略的设计

一、体育教学策略的特点

①综合性特点。教师在制定体育教学策略时需要注意各方面因素对教学策略的影响，如教学环境、体育教材内容、体育教学目标等。

②指向性特点。指向性特点主要指为完成特定目标而采取具有针对性的措施，即体育教学策略指向具体的体育教学目标。

③多样性特点。为了保证体育教学策略能够与复杂多变的体育教学过程相适应，必须使其多样化，满足特定体育教学的需要。

④可操作性特点。可操作性特点主要指在体育教学中，体育教学策略不仅是具体实施体育教学过程的保障，还要为教师和学生提供可以参照执行的方法。

⑤灵活性特点。由于教学环境、教学对象、教学目标等方面存在着一定差异，因此教师在设计体育教学策略时需要灵活地采取不同的体育教学策略。

二、制定体育教学策略的依据

①要与体育教材内容相符。体育教学策略是完成体育教材内容的教学方式，内容对方式有着决定性的作用，因此必须要与教材内容相符。

②以体育教学目标为出发点。体育教学策略是完成特定体育教学目标的方式。因此，应根据教学目标选择适当的教学策略。

③要与学生的特点相符。学生的个性特征、心理品质、兴趣爱好、学习风格等方面存在着一定的差异，符合学生身心特点的体育教学策略是激发学生积极性和主动性的重要方法之一，具有十分重要的潜在作用。

④对客观条件加以考量。在体育教学策略实施的过程中，会受到教学设备、器材、体育场地等条件的影响和制约，因此教师必须对已具备的各种主观、客观条件进行充分考量。

⑤要对体育教师本身的条件进行充分考量。教师在设计体育教学策略时，必须符合自身的教学水平才能使其发挥最大的教学效果。

三、体育教学手段的设计

（一）依据体育教学实际选择相应的教学手段

设计和选用教学手段时需要考虑相关的具体条件，如使用的环境、学生的需求、教师的技能、教学资源状况等。将现代化的教学设备作为体育教学手段、利用自然条件的优势进行教学、以学校实际为依据完善教学设备，以及改造现有的规范化体育场地、器材，都应与教学实际相结合。这不仅符合学生的兴趣爱好和年龄特点，容易激发学生学习体育的兴趣，还具有形式新颖、趣味性强、安全性能高、耗费低等优势。

（二）借助体育教学手段分析体育教学内容

在分析教学内容的过程中，可以采取不同的教学手段进行有针对性的分析，特定的体育教学内容则需要采用特殊的体育教学手段。因此，教师必须以学生的特点、学校和教师的实际情况、体育教学内容的特点和功能为主要依据选择合适的体育教学手段。

（三）针对体育教学对象选择和设计教学手段

学生在不同的年龄阶段对事物的接受能力不同，这就要求教师在设计体育教学手段时，必须充分考虑学生在不同阶段所呈现出的习惯、兴趣、发展需求等方面的特征。

四、体育教学组织形式的设计

（一）对体育课堂常规的设计

教师应以教学目标的要求为主要依据，设计具有灵活性的课堂常规，对学生进行一定的积极引导，帮助学生形成正确的行为规范，从而充分体现学生的主体性和主动性。

（二）队伍、队形的安排与调动

安排与调动队伍、队形作为完成教学任务的一个重要手段，其内容需要满足以下要求。

①要对迅速完成队伍、队形调整提供一定的帮助。

②需要对师生之间的沟通，以及生生之间的探讨具有积极作用。

③需要充分体现队伍、队形的简便性、实效性、合理性和科学性。

（三）集体教学、分组教学形式的选择

①教师应合理地采用或创新教学组织形式，将特定的教学环境与学生的实际情况结合在一起。

②具体的组织形式要以体育教材内容的特点为主要依据。

③要根据各项具体的教学任务，有针对性地选择教学组织模式。

（四）对教学场地与器材的设计

在体育教学实施的过程中，需要一定的物质保证，如现代化的教学手段、器材、教学场地等。教师在设计时需要考虑使用效率，并遵循高效、实用、经济的原则，充分发挥教学场地与器材的功能。设计宗旨包括以下几个方面。

①为实现体育教学目标提供最大的物质支持。

②能够有效激发学生参与体育学习的积极性和主动性。

③能够提高课堂练习质量，有利于学生队伍的调整和调动。

④要有利于教师对学生的指导和管理，保证体育教学过程的安全。

第三节 体育教学环境的设计

一、体育教学环境的特点

在体育教学活动中，体育教学环境是物质基础，也是不可缺少的关键因素之一，对体育教学有着十分重要的影响，主要包括以下几个特点。

（一）规范性和教育性特点

体育教学环境作为育人的专门场所，具有十分显著的规范性特点，同时也担负着育人的艰巨任务。作为学校体育教学活动的重要载体，与其他功能相比，体育教学环境的教育功能更被人们所关注，这就要求其各个方面都必须具有规范性。

（二）科学性和可调控性特点

构建体育教学环境不仅需要按照一定的需要和目标，还需要选择、加工、论证、提炼其构成因素，因此体育教学环境具有一定的科学性。

除此之外，为了更好地发挥体育教学环境对学生身心发展的促进作用，在体育教学实践中，教师应根据教育环境的变化和教学活动的需要对体育教学环境进行相应的调整和控制。

（三）复合性特点

体育教学环境的复合性特点主要表现在以下两个方面。

①在体育教学的心理环境方面。一般情况下，体育教学的场所为体育场或体育馆，导致师生之间、生生之间的人际关系随着空间的变化而变化。因此，体育教学环境具有一定的复杂性。

②在体育教学环境所需要的物理环境方面。体育教学既需要各种运动设施和器材，如体育场、体育馆、足球、篮球等，又需要一般教学设施，如桌椅、图书馆、教室等。

二、体育教学环境的设计原则

（一）丰富性原则

丰富性原则指通过非语言方式传达统一信息，即运用多种刺激方式避免出现单调重复的现象，从而为学生提供丰富的认知背景。有许多心理学专家通过长期的研究表明，学生左右大脑的同时开发和多种感觉的协同运作都需要丰富的信息刺激。

（二）目的性原则

教学环境的创设需要服从教学目的，教学目的可划分为间接目的和直接目的两种。

①间接目的，主要是指能够保证实现实质性目的的条件目标。

②直接目的，主要是指具有实质性的教学大纲规定的目标。

（三）快乐性原则

使学生在学习的过程中享受到愉快、获得积极的情绪体验是创设教学环境的主要目的。在学习过程中，学生时常呈现出不同程度的情绪反应。现代心理学的研究表明，情绪对认知有一定的组织和瓦解作用，由此可知，学生会下意识地对不愉快的事情产生抵触心理。快乐性原则的要求主要包括以下几个方面。

①教师的教学富有创造性、艺术性。

②室外场馆设施齐全、安全卫生。

③室内安逸舒适，气氛热烈活跃。

三、体育教学环境的功能

体育教学环境的功能主要包括以下几个方面。

（一）体育教学环境的激励功能

良好的体育教学环境对于学校教育、教学工作的顺利开展具有十分重要的意义，不仅有利于提高教学工作质量，还能有效激发教师的工作动机和学生的积极性，有着十分显著的促进作用。

良好的体育教学环境主要包括和谐的学习氛围、功能齐全的器材、整洁的场地、明亮的教室等。

（二）体育教学环境的陶冶功能

学生个体的行为习惯、道德情操和思想信念都形成于一定的社会环境，社会环境的好坏会对学生产生潜移默化的影响。良好的体育教学环境不仅能够使学生形成高尚的道德品质和行为习惯，还能陶冶情操、净化心灵。

因此，高校必须重视建立良好的体育教学环境，为学生打造整洁、文明的校园，为学生良好行为习惯的培养创造有利条件。

（三）体育教学环境的指导功能

体育教学环境的指导功能主要是指通过发挥各种环境因素集中一致的作用，引导学生主动接受积极的、正确的行为准则和价值观念，使学生的发展符合当代社会的需要。体育教学环境的指导功能主要体现在社会对学生成长发展的期望和社会主流文化精神两个方面，良好的体育教学环境不仅能帮助学生抵制不良的行为习惯，还能引导学生的思想向积极的方向发展。

（四）体育教学环境的健康功能

高校是育人的专门场所，更是师生工作、学习、生活的场所。体育教学环境的健康功能主要体现在师生心理健康方面的影响和生理健康方面的影响两个方面，良好的教学环境有利于教师和学生的身心健康发展。

四、优化体育教学环境的途径

（一）加强物质文化环境建设

物质环境是体育发展过程中积累下来的外在物化形式的统称，是体育环境存在和发展的基础与载体，也是体育环境建设的客观物质保障。物质文化是一种显性文化，其主要特点是空间物化，学生的全面发展和终身体育精神的培养需要以建设物质文化环境为前提。

（二）加强体育教学组织建设

在建设体育环境的过程中，领导者的办学指导思想和行政决策对高校体育工作开展具有直接影响，是体育环境建设的组织保证，这就要求领导者必须重视对体育教学内容和手段的选择。高校不仅可以通过运动竞赛、课外体育活动、体育课等多种途径，还可以通过开展体育沙龙、体育评论、体育科技专题讲座等方式培养体育骨干和爱好者，积极鼓励全校师生参与到建设中来，不断为校园体育注入新的活力。

（三）加强体育观念建设

在建设体育环境时，高校应实现学风建设与体育精神的有机统一，积极倡导竞争开拓精神、拼搏进取精神、敬业笃学精神、爱国主义精神、集体主义精神等健康的体育精神，激发教师和学生的爱国热情和民族自豪感，并且将行为、道德、思想等列为体育环境建设的重要内容，引导学生形成正确的、科学的价值观、人生观和世界观。

高校在开展体育文化活动的过程中，应以体育道德精神来感化师生，使其做到求真求实、遵守规则、尊重对手、公平竞赛、公开竞争。同时，加大对体育的宣传力度，使学生对体育的价值有更为深入的了解。

（四）加强体育环境的运作机制建设

体育环境建设具有辐射面广、范围大、人数多等特点，这就要求高校必须强化各级管理，对其建设过程进行宏观调控和技术指导，如负责裁判员和运动员的培养、负责举办大型体育活动等。

第四节 体育教学模式的设计

一、体育教学模式的设计步骤

①确定体育教学思想。选择具有一定体育教学思想的理论作为体育教学思想的理论基础，使教学模式能够突显出一定的主题思想。

②确定体育教学规律。教学规律对教学过程的内在结构具有十分重要的制约作用，确定体育教学规律，有利于教学思想的转化。

③确定体育教学过程的结构。不同的结构对体育教学过程有着不同的影响，以教学规律为主要依据选择相适应的结构，有利于实现教学思想。

④确定体育教学的方法。为了使体育教学模式具有可操作性，必须合理选择与体育教学模式相匹配的教学方法。

⑤明确体育教学模式的主要功能。充分了解各类体育教学模式的主要功能，从而选择最合理的模式进行教学。

⑥确定体育教学模式的适应范围。不同的教育模式具有其特定的适应范围，对范围的确定有利于增强体育教学模式的针对性。

⑦通过体育教学实践加以验证。

二、常见的几种体育教学模式的设计

（一）发展体能教学模式

1. 概述

发展体能教学模式主要指学生通过体育教学进行身体锻炼，从而发展自身的体能。发展体能教学模式十分重视机能变化规律和人体活动对教学过程的影响。

2. 发展体能教学模式的设计

在设计发展体能教学模式的过程中，教师应以发展体能为主要教学目标和依据，选择科学的、合理的教学组织形式、教学手段、教学方法和教材内容。同时，教师还应根据学生具体的身心特点对其进行具有针对性的指导，促进学生身体的全面发展。

（二）自主性的体育教学模式

1. 概述

自主性的体育教学模式主要指给予学生更多自主学习的空间和机会，为学生营造生动活泼的学习环境。自主性的体育教学模式强调尊重学生的自发性和自由性。这一模式有利于培养学生学习的积极性和主动性。

2. 自主性的体育教学模式的设计

自主性的体育教学模式的设计具有多样化的特征，因此可以采用多种途径和方法来激发学生的主动性，这就要求教师在设计自主性的体育教学模式时，必须创设一个学生能够充分发挥主动性的教学环节。

（三）体育技能学习教学模式

1. 概述

体育技能学习教学模式强调体育教学过程的教学模式和教学思想应遵循运动技能掌握的规律，其是一种以系统教学理论为基础的教学模式。

2. 体育技能学习教学模式的设计

教师在设计体育技能学习教学模式时，应将学生技能掌握效果的评价作为重点，教学过程的设计以能够引导和帮助学生掌握动作技能的组织形式、教学方法和教学手段等方面为主。

（四）创新体育教学模式

1. 概述

创新体育教学模式强调提高体育教学质量的"智育"因素，主要指学生通过参与体育教学，学习运动的原理，从而灵活地掌握运动的方法。需要注意的是，创新体育教学模式作为一种理性的终身体育服务，在体育教学过程中应遵循当代大学生的认知规律。

2. 创新体育教学模式的设计

教师在设计创新体育教学模式的过程中，必须对体育教材中的原理和知识进行归纳和整理，并予以充分利用，使每个问题都具有相应的验证方法。教师在开展教学时，可以将教学划分为几个不同的学习阶段，如问题提出阶段、分析问题阶段、收集相关材料阶段、讨论与归纳方法阶段等。目前我国高校常用的教学方法包括提问、设疑、讨论等。

（五）领会教学式的体育教学模式

1. 概述

领会教学式的体育教学模式是一种改造教学过程的模式。其注重从整体开始学习新教程，克服了以往只追求技能，而忽视学生对运动特点的把握的弊端，从而达到提高教学质量的目的。

2. 领会教学式的体育教学模式的设计

教师应设计一定的教学手段和教学方法帮助学生从整体上认识运动动作，在掌握基本知识和技能的基础上进一步强化细节动作要领。

（六）快乐体育教学模式

1. 概述

近年来，快乐体育思想对国内外高校体育教育产生了巨大的影响，从而衍生出了快乐体育教学模式。该模式强调学生在体育教学过程中，不仅能体验运动带来的乐趣，还能在进行身体锻炼的前提下掌握运动技能，培养学生积极参加体育活动的习惯。

2. 快乐体育教学模式的设计

教师在快乐体育教学模式的设计过程中，应设计多样化的教学方法给予学生更多的运动体验，使学生充分体验到运动、挑战、创造等多方面的乐趣。

(七)情境教学模式

1. 概述

情境教学模式主要指利用学生想象力丰富、形象思维活跃等特点,在体育教学中融入富有教育意义的教学方法,从而引导学生快速参与到教学活动中来。需要注意的是,情境教学模式应遵循学生认识和情感的变化。

2. 情境教学模式的设计

教师在设计情境教学模式时,应充分考虑教材内容本身所包含的多种身体练习形式,并将其融入所创设的情境当中,学生参与到教学情境中很容易用情境串联起各种运动,从而提高学习效率。

第五节 体育教学评价的设计

一、体育教学评价的概念

体育教学评价主要包括学生体育学习评价和教师教育评价两个方面,是指运用一切有效的技术手段,以体育教学目标与原则为依据,对体育教学活动的过程和结果给予价值判断的过程。

二、体育教学评价的意义

体育教学评价在体育教学过程中的意义主要表现在以下几个方面。

(一)促进教学过程科学化和最优化的发展

在体育教学的过程中,科学化主要指必须遵循体育教学规律进行教学设计,并且定期对体育教学情况进行相应的检查,及时做出调整。体育教学评价能够直观地反映出体育教学实际达到的教学效果,有利于教师进行教学调整,使体育教学过程更加规范化。因此,进行体育教学评价的设计对教学过程的科学化和最优化具有促进作用。

(二)能够将教和学的积极性有效调动起来

科学的、合理的体育教学评价有利于师生双方进行自评和互评,不仅能够帮助教师及时发现教学问题,改进教学方法,还能使学生及时了解学习的成果,强化学生的学习动机。

（三）能使教学质量得到有效提升

体育教学评价的根本要求是以体育教学目标为主要依据，对体育教学进行价值上的判断。评价的每一步都是为最大限度地实现体育教学目标，并最终实现体育教育目的而迈进的。因此，体育教学评价是提高体育教学质量、改革体育教学方法、发展体育教学思想的有利保证。

综上所述，判断体育教学目标达成程度的根本目的是对每个学生"一般发展"程度的测评。

三、"三位一体"体育教学评价体系及其设计

（一）基本理论

传统的教学评价体系一般以分别评价的方式为主，但收获的效果甚微。近年来，我国高校体育从学生的角度出发，对体育课和课外体育锻炼的方式进行了变革，开展了许多科学有效、丰富多彩的体育活动。

目前，我国高校积极创建了"三位一体"体育教学课外锻炼质量评价手段，即健全人格、运动技能、体制健康并重的"三位一体"体育教学评价体系。这种评价体系不仅能通过不同运动项目的等级评价标准引导学生学习和掌握运动技术，还能使运动技术和课程评价的空白得到有效填补。

学生的最终体育成绩在"三位一体"的体育教学评价体系中可以分为结果性评价和过程性评价两部分，即学生体育考试的最终成绩和学生在整个教学过程中的学习状态。

由上可知，"三位一体"的体育教学评价体系是以促进体育教学的进步为目的，并以培养学生的锻炼习惯为目标的。

（二）"三位一体"体育教学评价体系的设计

"三位一体"的体育教学评价体系主要包括阳光体育活动、常规体育课和体质测试三个方面。

1. 阳光体育活动

阳光体育活动指学生从自觉自愿的角度出发，每天参加一个小时的体育锻炼。由于阳光体育活动没有固定的时间，因此在执行效果方面不尽人意。将其融入体育教学评价体系中，能够帮助学生养成自觉运动的良好习惯，是对学生自觉自愿行为的强制性干预。

2. 常规体育课

常规体育课一般拥有固定的上课时间，学生会定时参与到集体学习活动中。很长的一段时间内，在体育教学过程中，常规的体育课评价是整个评价体系的重要内容。

3. 体质测试

我国高校的体质测试一般每年进行一次，具有较强的独立性，是高校体育教学的重要组成部分。但是体质测试因其次数非常有限也存在一些弊端，限制了其对体育教学的指导意义。因此，"三位一体"的体育教学评价体系对体质测试进行了一定的调整。

第七章 新时期体育教学主体的发展

现代社会,世界各国无不重视体育与教育的结合,在大多数国家的学校教育制度中体育都是不可缺少的内容。我国以马克思关于人的全面发展学说为教育指导方针和理论依据,实行的是德、智、体、美、劳全面发展的教育。学校体育是我国全面发展教育的一个组成部分。本章主要分为体育教学中教师的培养与发展、体育教学中学生的发展与管理两部分,主要包括体育教师的可持续发展、体育教师相关现状分析、体育教学中学生的基本概况等内容。本章主要对新时期体育教学主体的发展进行简要阐述。

第一节 体育教学中教师的培养与发展

一、体育教学中教师的基本概况

(一)体育教师的主导性

1. 体育教师主导性所包含的基本内容

(1)全面贯彻体育教学的指导思想

体育教学指导思想并非一成不变,它会随着时代的变化而变化,会随着所处时期的不同而发生改变。将这些教学指导思想贯彻于整个教学过程中是体育教师的一项重要任务。这种贯彻往往体现于体育教学过程中的两个阶段,即准备阶段和实施阶段。由此可见,贯彻体育教学指导思想这一重担落在体育教师身上。

(2)合理选择教学方法和手段

相应的教学手段和方法是每个体育教材所要求的,因为对于不同年龄段的学生,教师采用的教学方法和手段都有所不同。体育教学手段和方法的选择正确与否，直接影响着教学效果。这便需要体育教师根据相应的体育教学目标以及教学情境的变化选择教学方法以及创编各种教学情境，从而使学生将所学的体育知识和技能更好地掌握。所以说，在体育教学过程中，选择和运用体育教学方法的主导者是体育教师。

（3）合理选择和加工教学内容

素材繁多是体育所具备的一个特点，在这繁多的素材之中包括体育的正规竞技项目。学生与体育素材之间的桥梁是体育教师，选择相应的体育素材并巧妙地将这些素材加工成教材，是其担负的重要任务。那么，教师应当如何选择材料？如何加工材料呢？这便需要教师从三个方面考虑，即学生要求、学科要求、社会要求。所以体育教师是体育教学内容的选择以及加工的主导者。

（4）合理创造体育教学环境

与其他学科相比，体育教学所需的教学环境相对特殊。其教学环境应当更具安全性、美观性、激励性、舒适性。因此，教师应尽可能为学生创造各种良好的教学情境，从而帮助学生在掌握基本体育知识和技能的基础上，将这些掌握的技能转变为新技能。所以体育教师是创造体育优良教学环境的主导者。

（5）积极引导学生掌握学习方法

在完成必要的知识学习后，学生还需进行各种知识的"串联"，逐渐形成一种"知识板块"，之后能够更好地进行实践。需要强调的是，自主性和探究性的学习方式是形成该种能力的前提。这便需要体育教师在整个教学过程中实现"导航"的价值，帮助学生自主、灵活地学习体育知识和技能。所以教师是引导学生掌握学习方法的主导者。

（6）非片面地评价学生的体育学习

在教学过程中，教师可以通过对学生学习效果以及学习态度的评价来不断激励学生学习，并在此基础上对学生进行相应的反馈。在此期间，教师应当通过组织学生之间的相互评价和学生的自我评价来激发学生的积极性。所以说体育教师是组织体育学习评价的主导者。

2. 体育教师主导性的发挥

（1）进一步掌握体育教材内容

教师要明确体育"怎么教""用什么教"。不仅如此，教师还应当对体育教材中所蕴含的科学性进行系统的了解，对体育的技能系统以及文化系统有一定的了解。具体而言，教师应当清楚地了解教材目标与总目标的关系，除此之外，还应当对本教材的特点、难点、重点以及本教材与学生之间的关系有较为明确的了解。因为,这是体育教师了解"体育教学导向目标的载体是什么"的重要途径。

(2)全面和深入地认识体育教学的观念

体育教师明确了体育"为什么教"这一问题,便熟知了体育教学观念。同时,教师还应当明白体育这一学科最终是要学生"学会什么""懂得什么""体验到什么""形成什么"。通过体育教学,体育教师应将社会的需要以及学生学习的动机有机结合起来。因为,这样才能透彻地了解"要把体育教学导向什么目标"。

(3)了解和认识学生身心发展特点及规律

通常情况下,学生的统一特征以及学生的差异性是学生身心发展特点及规律的两个主要体现方面。什么是统一的特征呢?即在同一年龄段的学生的心理以及身体发育特征、大体相同的体育学习经验等。在教学过程中,体育教师通过对上述这些共同特征进行较为深入的分析与研究,得知学生的志向、学习兴趣、要求等,了解学生目前在学习上有哪些问题。那么,什么是差异性呢?即每个学生都有其自身所具备的特点,如体格特点差异较大、性格特点差异较大等。这便需要教师通过对学生上述这些特点进行了解、分析,在此基础上对学生学习过程中出现的问题有所了解。

(二)体育教师应具备的基本素养

1.具备与时俱进的教育观念和教育思想

组成体育教师素质的两大重要部分分别是教育观念和教育思想。因为这两部分能够将人的高层次心理需求较为准确地反映出来。而且,这种反映能够产生较强的内驱力,从而激励教师投入体育教学中去。与时俱进的教育观念和教育思想是现代体育教师所必备的。简言之,现代体育教师不仅应当具备素质教育的观念和思想,同时还应当具备全新的教学观、学生观、教育质量观等。以下三点是教师应当做出的三个"转变"。

①向提高全体学生的素质转变。

②向以提高学生身体素质为评价准则转变。

③向全面打好基础,面向全体学生,发展体育能力,促使学生主动地发展转变。

2. 具备丰富的知识结构与体系

（1）具备高水平的专业知识

为了使学生在对体育进行学习的过程中能够真正掌握体育相关基础知识以及基本技能，并在此基础上培养较好的体育能力，首先，体育教师应当掌握体育的本质功能、地位、教学原则、一般规律、教学方法等一系列相关的体育理论知识。不仅如此，教师还需要将这些基本运动项目的理论以及技能等运用到实践之中。所以说，专业知识是体育教师应当具备的基本素质之一。这也需要教师不断对自己的专业知识进行补充，以便更好地完成体育教学工作。

（2）具备扎实的基础知识

相对而言，基础性的科学知识所包含的内容繁多，且范围较广。以下几点是体育教学过程中比较常见的几个方面。

①政治理论、时事、政策等方面的知识是指导教师开展学校体育工作的前提。

②人文社会科学知识包括学校体育工作基础文化知识。

③自然科学知识在某种程度上是保证学校体育顺利开展的基础科学知识。

不仅如此，由于体育教学的基本内容就是身体运动，因此，教师要对人运动时，身体各器官的生理特点以及结构的变化规律和特点进行较为深入的了解，只有这样，才能在一定意义上保证学生的安全和健康。同时，也只有这样才能将教学任务更好地完成。由此可见，生物学的相关知识是知道体育教学训练的依据。

（3）具备教育学、心理学的相关知识

教师在体育教学过程中，应当充分了解学生的心理特点，以及学生知识、技能方法的掌握情况。特别是随着体育教育改革越发深入，为了更好地应对这一现状，体育教师应当掌握体育科学知识，除此之外，还应当对学校体育教学论、体育学、运动心理学、运动训练学、教育心理学等学科的原理以及方法在深入了解的基础上熟练运用，最终掌握良好的教学方法以及技巧，将自己所具备的专业知识以及技能等传授给每一个学生，促使学生全面发展。

（4）具备与专业相关的其他学科知识

随着学校素质教育的稳步实施，学生的知识覆盖面越来越宽，同时对于知识的需求量也变得越来越大。因此，体育教师在不断丰富自己已有知识结构的基础上，要拓宽自己的知识面。例如，教师需要对体育人类学、体育哲学、体育行为学、体育史、体育美学等学科有所了解，并在此基础上发展思维，拓宽

视野。如果在体育教学中，体育教师能够较好地运用这些知识来解决教学过程中出现的问题，同时还能帮助学生拓宽知识面，丰富其育人的形式和渠道，那么，从某种意义上来讲，这便是一个较为成功的体育教师。

3. 具备高尚的道德品质

（1）严以律己、为人师表

教师的主要任务是教书育人，然而，教师在传授学生相应知识以及技术之前，应当先教会学生如何做人。模仿能力强，有较大的可塑性是青少年的显著特点，教师的品格、思想、情感等往往会对学生造成潜移默化的影响。在学校里，教师是学生接触较多的人，所以教师的一言一行对学生具有重要影响，可能会产生积极的影响，但也不排除会造成消极影响。所以体育教师应时刻注意为人师表，必须做到严以律己，成为学生学习的好榜样。

（2）热爱学生、循循善诱

搞好学校体育教育事业的关键因素是体育教师对学生的"爱"。要知道，教师的热爱并非对某个学生，而是面向全体学生。但不得不说，这种热爱在具体对待每个学生时，是可以有所侧重的。例如，在对待那些体育基础知识或是技能较差的学生时，教师就应当对其加倍关心，根据具体情况了解这些所谓体育基础知识或是技能相对较差学生的闪光点，并帮助他们找回自信，激发他们对体育学习的兴趣，用师爱感化他们，使他们能够很好地参与到体育教学中来。

（3）爱岗敬业、忠于职守

爱岗敬业、忠于职守是体育教师应当具备的最基本的道德素质。毛泽东曾说过："体者，载知识之车而寓道德之舍也。"由此可见，教师的敬业精神是多么重要。

4. 具备良好的身体素质

对于任何人而言，身体是一切革命的本钱，没有良好的身体素质，恐怕什么都做不好，甚至做不了。对于体育教师而言，则更是如此。因为，在体育教学的过程中，不仅需要体育教师在运动场上带领学生进行各种户外活动，还需要体育教师不断更新体育教学相关知识，跟上教育时代变革的步伐。不论是从工作的周期来看，还是从工作的持续时间上来讲，都是比较长的。因此，我们可以说体育教师是一个工作强度较大的职业，需要教师具备更加强劲的体魄和持久的工作耐力。正因如此，体育教师应当格外注意自身身体素质的提高。

5. 具备基本技能与教学能力

（1）教育能力

什么是教育能力？即将课堂教学、训练以及课外活动等相互结合，并在此基础上，通过采取有效方法，来使学生的思想水平得到大幅提高，从而使学生的品德得到良好培养。教书育人是每一位教师义不容辞的职责，对于体育教师而言更是如此。因为身为体育教师，这份职责不仅体现在相关知识和思想品德的教育方面，还体现在强身健体方面。

无论是在课堂之上还是在课堂之外开展各种体育活动，教师与学生之间、学生与学生之间的接触都是颇为频繁的，这同时也意味着教师与学生、学生与学生之间的各种情感体验相对较多，那么学生的思想就极容易表现得很真实。对于教师而言，这是一种优势，凭借这一优势，教师可以抓住各种有利机会，将教材内容中所具备的教育价值充分挖掘出来，并对其进行详细研究，结合实际开发出多种有效的教学方法，如此一来，便会收获明显的教学效果。

（2）教学能力

毋庸置疑，体育教师所具备的教学能力，是完成教学任务的主要能力。不仅如此，教学能力还是体现体育教师各方面能力的一个重要方面。在教学过程中，教学设计、教学决策、教学管理以及教学评估等诸多方面都能体现出教师所具备的教学能力。

（3）科研能力

我们通常将教学过程视为一种科学研究过程。所谓科研能力，是用以衡量体育教师学术、理论水平以及业务能力的一个标准。从理论上来讲，教师所具备的科研水平越高，那么其相应的体育教学内容中所涉及的科研成果就越多，相对而言培养的人才的质量也就越高。

随着时代的进步，合格的"教书先生"已远远不能满足现代教育事业的需求，教师同时还应当具备与时俱进、勇于创新、不断学习的精神。将科学研究融入体育教学事业中，既能提高教师理论、技能、业务水平，同时还能激励教师不断学习新知识，接收新信息，使体育教学内容、方法等更丰富，更具时代的气息。

（4）训练能力

体育教师在做好教学工作的同时，必须具备一两项较强的体育训练能力，只有这样才能更好地完成课外训练。如科学选材、科学训练能力；制订、实施训练计划能力；管理代表队和组织比赛的能力等，都是体育教师具备的基本训练能力。

（5）社交能力

从宏观上来看，体育教育的发展离不开社会，可以说它们之间是息息相关的，体育教师也应当具备较强的社会适应力。相关数据调查显示，具有自我推销意识的人，往往在事业方面更容易成功。因此，体育教师也应当树立新形象，多与社会各界人士进行交流，在极大程度上使社会对新时代体育教师的工作意义与性质有更为深入的了解，从而也能将体育教师所具备的各方面才能充分展现出来。

从微观上来看，体育工作相对而言更倾向于广泛群众基础工作。简言之，学校体育既是体育教师的事，同时也是各班班主任、少先队、后勤管理以及共青团等诸多部门的事。

（6）组织管理能力

组织管理能力是体育教师必须具备的能力之一。没有较好的组织管理能力，在进行户外运动时，就会引起诸多不必要的麻烦。以下则是这种能力所包含的主要内容。

第一，具备正确运用队形、队列组织开展"两操一课"活动的能力。

第二，具备组织开展各种"达标"活动，以及运动会等活动的能力。

第三，能够担任相应裁判工作。

一个学校体育工作成效的好与坏，通常与体育教师管理能力的高低有直接关系。学校体育教育工作需要科学管理，因为它所涉及的范围颇为广泛，只有进行了科学管理，才能获得较好的发展机会。由此可见，体育教师管理能力的提升已成为迫切问题。在掌握管理学科基本知识的基础上，体育教师还应当懂得管理艺术，努力使自己成为新时期合格的体育教师。

二、体育教师相关现状分析

（一）年龄方面

相关数据调查显示，我国目前高校体育教师年龄分为三代，即老、中、青。其中，青年体育教师的数量呈明显增加趋势，而年龄在50岁以上的教师数量在呈递减趋势。由此可见，青年体育教师是目前高校体育教师的主体。

（二）思想动态方面

从某种层面来讲，高校体育教师队伍是否具有稳定性，能够通过高校体育教师的整体思想动态较为直观地反映出来。相关调查显示，与其他学科教师相比，我国高校体育教师的思想动态还是比较稳定的，其职业流动并不明显。出现这一情况的主要原因有两方面：一方面，高校体育教师普遍具有较高的思想道德素质，能够一心扑在体育教育事业上；另一方面，高校体育教师的职业面相对来讲比较狭窄。这种稳定性对于我国高校体育教学的质量予以了保障。

（三）学历方面

对高校体育教师受教育背景进行分析，能够更好地掌握我国高校体育教师现有教育水平以及相关专业水准。就目前而言，虽然我国高学历教师数量在持续增加，但相对而言，博士、硕士学位教师比例仍偏低，这直接导致了我国高校体育教育和科研水平得不到大幅提高，因此制约了高校体育事业的快速发展。

（四）数量方面

我国目前已经建立了相对完整的师范教育体系，尤其是在20世纪90年代后期，各高校对体育教师的扩招，缓解了过度紧张的优质教师资源的局面。不仅如此，此时教师的职业地位以及威望的提升，吸引了不少教师的回流，致使体育教师从数量上始终保持着较为平衡的状态。

（五）地区分布方面

从宏观上来看，目前经济发达地区的体育教师比经济欠佳地区的教师要多很多。这便导致了教师地区分布上的不均衡。除此之外，经济条件相对较好的地区体育教师的教学质量会相对高一些。相反，经济条件欠佳的地区教师的教学质量也就较低一些。由此不难看出，对高校体育教师的培养是必要的，对高校体育教师能力的提高也是必要的，这是可持续发展的当务之急。

三、体育教师的专业化发展

（一）内涵分析

我们可以从静态和动态两个方面对体育教师的专业化问题进行深入研究。

首先，从动态方面分析，体育教师的专业化是一个从低水平向高水平升华的动态过程，同时也是一个可持续发展过程。对于体育教师的职业而言，则是从非专门职业向专门职业过渡和发展的一个相对动态过程。

其次，从静态方面分析，体育教师专业化是一种状态，一种与体育教师专业标准相接近，并且一致的状态。

（二）研究意义

教师应有针对性地开展深入研究，其专业化既是社会分工与社会发展的完美结晶，又是终身体育发展与终身教育的要求。相关部门应当牢牢把握体育专业的本质规律，对于体育教师专业化程度的提高给予相应指导。从宏观上来看，体育教师的职业声望、社会地位、整体素质水平等，都受到体育教师专业化的影响。由此可见，体育教师想要实现专业化发展，就必须对其进行较为深入的研究。

（三）现状分析

由于我国体育专业化起步较晚，因此相关理论以及实践经验方面都还未达到成熟的状态。而且，就目前各方面情况来讲，这种状态还会持续较长时间。

对于体育教师的培养而言，并不局限于几门教育课程的学习，除此之外，体育教师的各项运动技能的培养也被列入学习范畴。这并非一个短期的培养过程，教师只有在接受培训之后，通过了各项测评，才会树立起为体育服务的职业信念。这也是体育教师展示自己专业技能的一个途径。正因现阶段专业化仍处于稚嫩状态，才更能体现出体育教师专业化研究的相对重要性。

（四）发展方向

体育教师的发展方向和体育事业的发展息息相关，其中竞技体育和国民运动的发展成为我国目前体育的主导。

随着我国体育在世界各大赛事中的亮相，中国运动员成为冲击金牌榜的有力竞争者。夺金领域也由过去单一的乒乓球、羽毛球、射击等老牌强势项目扩展到击剑、蹦床、游泳等项目。其原因有两个。一是中国体育强势项目的对外输出，使国外选手无论是人员补充，还是技术水平都取得了较大进步，同时也为中国选手的夺金道路增添了强劲的对手。因此，我们要在其他项目上快速发展。二是国际比赛的内容在不断更新，新的赛事逐渐被纳入各大比赛。中国也要与时俱进，全面发展体育事业。

随着人们物质生活水平的提高，瑜伽、极限运动等成为这个时代的关键词。人们不再单纯地去长跑、去打球，更多的人开始有计划地运动健身，去学习一些运动的基础知识。

另外，物质生活水平的提升也改变了我们运动的场所，各类专业场馆的建设取代了以往无固定场地的情形。在现代感十足的场馆内，不仅配置了专业的运动器材，还配备了专业的运动教练。

当今体育朝着多样化、专业化的方向发展。体育教师要兼顾基础通用课程和各专业课程，要知晓理论知识和实战技巧，要传承体育精神和民族意志，不仅要传授运动方面的知识，还要让学生科学地了解由运动导致的身体伤害以及恢复、保护方法。

职业化、科学化和专业化，将是未来中国体育教师的发展方向，也是中国运动员和其他体育从业者的发展方向。

（五）发展对策

1. 增强专业意识

经过相关调查结果显示，目前我国大部分体育教师的专业意识相对薄弱，对相关教学前沿性内容都不是太关心，且缺乏一定的探索和创新精神。出现这种情况的原因有两个：一是体育教师在学校地位较低；二是教师总体薪资较低。这些原因直接导致体育教师的专业意识薄弱，从事体育教学也只是为了糊口而已。所以对体育教师专业意识的增强是极有必要的。因此，相关部门应当实施一些相对具体的政策，对学校体育教师予以与其他学科教师同工、同酬以及具有相同晋级机会的保障。

除此之外，学校还应当利用正确、科学、适宜的手段激发体育教师的自我意识，使其能够继续向自己的专业领域进行持续性的研究和学习，争取在本专业上有新突破，从而为我国体育教育贡献力量。不仅如此，各学校也应该定期或非定期组织教师展开教研活动，使体育教师的专业水平得到一定提高。

2. 激发主动发展意识

虽然体育教师专业化的进一步实现需要相关政策和制度的保障，但就长远发展来看，体育教师个人的专业成长以及未来的发展才是真正起着决定性作用的因素。因此，体育教师只有具备较强的主动发展意识，再通过不断的学习、培训、进修等形式之后，努力实现专业化目标，这才是体育教师专业发展的关键所在。

不仅如此，那些各方面较差的学校应当与发达地区高校之间建立长久的联系，以便于教师学习前沿知识，从而提高体育教师的专业水准。

3. 在实践中反思

单凭理论研究是不能满足体育教师专业化的可持续发展的需要的，除了对理论进行深入研究外，还需要落实到实践当中。因为，任何理论研究都将通过实践体现出来，教学亦是如此。所以只有通过不断地实践和反思，才能收获更好的研究效果。教师对自身在教学中的实践进行反思，是促进教师专业发展的源泉，教师在教学过程中能否感悟教改实践提出的问题，并在此基础上对这些问题做出具有价值的判断是十分重要的。

四、体育教师的培养与培训

（一）体育教师的培养

1. 培养机构

师范教育系统的体育院系和体育专业院校是我国目前体育教师的培养机构。以1996年为界，在此时期之前，高等师范学院、师范专科学校、中等师范学校，是整个示范教育系统的结构。而在此时期之后，我国相关部门召开了全国第五次师范教育工作会议，就在此次会议之后，教育部对整个师范教育系统做出了部分决策，决定今后将压缩并相继取缔中等师范学校，这一决定标志着在此之前的三级师范教育体系正逐步向二级师范教育体系过渡和转变。

然而，近几年来，湖南大学、清华大学等一些综合类大学在体育和教育事业的不断推动下，纷纷组建了体育院系。这一举动对体育教师的培养起到了至关重要的作用。

2. 培养目标

①使教师对体育专业基本理论知识、技能有较为深入的了解，并在此基础上予以熟练掌握。

②使教师获得科学研究的初步训练。

③使教师具备一定的组织、分析、管理能力，除此之外，还使教师具备解决各种相关问题的能力。

④使教师拥有健全的体魄。

⑤使教师熟悉掌握马克思教育理论，并在此基础上获得从事教育工作的初步能力。

⑥使教师能够具备一定的外语阅读能力。

3. 培养模式

① "运动型"。该种模式主要强调运动技能的高标准以及运动经历的丰富，往往会忽视体育基本理论知识、技能等，且对于社会适应能力的培养更是微乎其微。

② "理论型"。该模式主要强调体育教师的相关理论以及知识的学习。不仅如此，该模式还强调教师的社会适应能力，但对相关专业的运动技能要求较低。因此，该模式培养出来的体育教师其所具备的专业运动技术水平普遍不会太高。

③ "一专多能型"。可以说，该培养模式是"运动型"和"理论型"的综合体。毋庸置疑，该模式培养出的体育教师不仅具备良好的专业基础知识、技能，还具有较好的社会适应能力。由此可见，该模式是新时期最佳的体育教师培养模式。

（二）体育教师的培训

1. 培训形式

（1）培训班

什么是培训班？即由体育教师组建而成的受训教学班。培训容量大、具有针对性、计划性强、信息密度大等，都是培训班所具有的特点。培训班的形式趋于多元化，如讲习班、专题讲座、短训班等，在此就不一一进行介绍了。培训班主要适用于骨干教师、新教师的培训等。

（2）研修班

对于某些体育教育主题或某些学校体育教学过程中出现的问题，通过组织部分体育教师而进行集中式研讨的形式称为"研修班"。然而，参加研修班的体育教师必须同时具备丰富的教学经验以及较高的教育理论素养。因为，只有这样才能达到培训预期的效果。对于高级教师培训、骨干教师培训、专题研讨等，都可用该种形式进行。

（3）个别指导

个别指导主要趋向于"以老带新"，即让优秀且具有丰富经验的体育教师对新体育教师进行相应的教学指导，激发新体育教师自觉且认真向优秀体育教师学习的内驱力。不仅如此，还要为新体育教师提供向优秀体育教师学习的机会，使他们在最短的时间内提高自身的综合素质。这种方式的优点是能够使新体育教师清楚地掌握培训速度，较快适应工作。

（4）教研活动

分小组进行研发、讨论是教研活动的一个显著特点。该活动通常将学员分成几个小组，对某一专题或是出现在课堂中的问题进行观察、讨论、分析等。这种形式的培训能够通过点评来进一步促进体育教师的发展。

除此之外，在这种培训形式中，主讲教师应当充分发挥其所具有的主导作用，对参加培训的教师起到引导作用。

（5）课题研究

课题研究主要包括教学研究、导师跟踪以及课题研讨等。通常情况下，通过对某一课题的研究，教师把自学、研讨、总结等一系列相关环节结合起来，从而提高科研水平。

（6）教学实践和社会考察

该形式主要是由参加者有针对性地对体育课间操、体育课程教学等某一特定问题进行集体性的观摩、分析、评估、研讨等。可以说，该形式是一种偏向于实践的形式，教师在此过程中可以通过经验的总结、规律的探讨来提高自身的教育教学水平和能力。

2. 培训模式

（1）岗前培训

新教师是该培训模式的主要培训对象。参加校外新教师脱产以及校内自组学习是实现岗前培训的两个主要途径。前者大都由师范院校或教师进修学校承担；后者通常由本校自行组织教师学习。其中，常见的有组织培训班，指定老教师传授、帮助、带动等。

（2）校本培训

欧美国家于20世纪80年代兴起了一种培训模式，这种培训模式便是"校本培训"。近些年来，这种培训在我国被逐渐接纳并推广。校本培训的第一负责人是校长，其将教师在学校任职视为基本单位，通过教师在工作中学习，从而将教育教学、科研与培训结合在一起。

校本培训具有诸多优势。

第一，具有较强的针对性。该培训方式以学校和教师的切实需求为根本出发点，与学校现有具体情况和教师工作进行密切结合。良好的培训结果能够直接转化为教师的教学能力。

第二，具有独特价值。该培训方式的独特价值特别体现在创造终身学习氛围上，以及拓展被培训教师的覆盖面上。

第三，具有优化配置的功能。该培训方式对学校现有的信息资源、技术资源、人力资源、管理资源及各种物资设备等资源进行了很好的优化。

第四，具有积极促进作用。该培训方式在极大程度上促进了教育科研与教育教学实践二者间的密切结合。

（3）院校培训

第一，学位课程培训。那些在职但并未得到国家规定学历或学位的教师是该培训模式的主要针对对象。学位课程培训是一种在特定时间内完成进修学位课程，从而使自己达到某一学历或学位素质要求，在此基础上获取相关证书的培训方式。培训时间较长是学位课程培训的主要特点，通常控制在1～3年。

第二，短期进修培训。如骨干教师培训、专题研究培训、计算机全员培训等都属于这种培训模式。但这种培训大多针对体育教育的发展现状而展开。其特点是运用较灵活、时间比较短。也正是由于该培训形式具有如此特征，所以可以根据教学目标的不同而进行多元化划分。

3. 课程设置

如同课程是教育的心脏一般，培训课程同样也是整个培训的一个重要载体。它是确保体育教师培训目标切实实现的关键性因素。为了更好地为学校体育教育工作提供有力保障，为了更好地满足体育教师职业以及专业的发展需求，应当对课程设置重视起来，使之成为课程体系的基本要素。其中，对课程设置影响最大的是课程内容。从某种层面上来讲，基于当前体育教师的新期待是培训课程体系设置的主要依据。不仅如此，体育教师培训课程设置的主要任务是，使体育教师的素质教育实施能力得到一定的提高。

五、体育教师的可持续发展

（一）保证教师队伍的稳定性

1. 提高思想素质

在培养人才的过程中，要将党的政治工作以及党组织的核心作用融入其中，时刻坚持党的各项制度，在青年教师中选举出新党员，树立青年教师正确的世界观、人生观和价值观，搞好师资队伍的组建工作。

2. 提高教师收入

要提高体育教师的地位，并在此基础上使其收入能够与社会中等水平相一致。除此之外，在保险以及各项福利待遇上也应当给予政策倾斜，使其在心理上不会产生落差感，充分感受到存在感。

3.创造学习环境

应尽力为中青年教师各方面的成长创造较好且适宜的环境。在确保现有师资队伍稳定的基础上，积极引进学历、学位较高的人才，从而壮大师资队伍。

（二）优化体育教师的学历结构

体育师资队伍的建设作为一项长期的系统工程并不是一件容易的事情，因此，加强规划、领导和统一管理是有必要的。学校应当积极组建一批由领导、专家以及学者组成的师资队伍，从而对学校师资队伍的组建以及发展进行指挥和监管。

第一，尽快解决高学历教师来源问题。对于此，国家应扩招体育专业硕士研究生以及博士生。

第二，为高校体育教师建立档案，通过采取多元化手段为高校体育教师创造各类培训机会，从而提高教师的教学水平以及自身的专业水平。

第三，在一定程度上规范高校体育教师的管理和进修，尽可能为教师提供进修机会，并尽可能资助高校体育教师进行科研工作，使高校体育教师成为集科研能力与素质于一身的高级人才。

（三）加快人才的培养和选拔进度

我国对于高校体育教师职称的评定十分严格，缺乏一定的灵活性。对于一些具有较高水准以及有着特殊性贡献的青年教师，要采取更多的优惠政策，如破格晋升职称等，以此来提高他们的积极性。

青年教师固然是祖国的骨干，但老教师更是如此，他们在培养高级人才中发挥着积极作用，特别是在教学经验上，更是具有优势。因此，在组建高校体育教师队伍时，应当对其进行鼓励和表彰，使其能够积极发挥自身持有的优势。

除此之外，高校还应当加强科研工作，争取尽快实施"高层次创新人才工程"，使人才产出的速度赶上体育教育职业的需求。

第二节 体育教学中学生的发展与管理

一、体育教学中学生的基本概况

（一）体育教学中学生的基本特点

1. 学生是发展的、独特的个体

从宏观上来看，学生在身体上有不同于成人的特点，且属于发展中的人。此阶段，他们有属于自己独立发展的方式以及特殊的需求。因此，教师不应当以成人的标准去衡量学生。而且，处于现阶段的学生不仅在心理上会发生某种变化，而且在各方面的发展也都是潜藏着巨大的变化的。他们有着极强的可塑性。可以说，他们是需要教育的、渴望教育的、容易受教育的。所以教师应当用发展的眼光去看待学生。

2. 学生具有非常强的主体意识

（1）具有较为自主的选择权

学生对体育教师的教学并不全是无条件地接受的，运动量适宜、符合自身发展等，是学生对体育教师教学的期望与要求。所以说，学生具有选择的权利，这一点也能说明他们具有强烈的主体意识。

（2）具有较强的积极性和主动性

通常情况下，学生学习的主体性会在学生学习活动的自觉性以及主动性两个方面得到体现，因此，体育教师应当在学生主动地进行体育学习的基础上开展一系列教学活动。

（3）具有较强的创造性和创新性

在整个学习过程中，学生是一个能动的个体。他们能够通过诸多方式来完成体育教学任务。因此体育教师应当多鼓励学生充分发挥创造性，用不同的方式或思路来完成体育教师给予的教学任务。这样才能培养出与时俱进的创造型人才。

3. 学生具有差异性

学生是有血有肉、充满活力的个体，他们在不同阶段会出现不同的心理以及生理上的变化，差异性是切实存在的，如感知能力、创造力、知识结构、情感表现等方面都会存在诸多的差异。所以教师因材施教的教学原则显得十分重要，教师应当对学生有较为全面的了解，并熟悉学生身心发展的基本规律。

（二）体育教学中学生的主体性

1. 学生主体性的表现

学生作为学习主体，在体育活动中受到教师的教授、指导等，进而表现出的一种相对独立的、积极的态度，以及富有创造性的学习行为就是学生的主体性。人的自觉能动活动是学生获取学习主体性的源泉。可以说，人的主体性越明显，那么这个人就越能清楚自己在做什么、为什么做和如何去做，因此我们可以说，人的主体性是个性的核心。

（1）体育学习内容的选择性

对学习内容和学习方式的选择是学生主体性的表现形式。新时期教学思想所倡导的是学生能够积极、主动地参与到教学内容选择中来。因为，学生自主性中最为活跃的因素就是学生对教学内容的选择。但这种选择并不是盲目的，而是基于社会因素以及教学目标，由诸多专家做出进一步筛选后进行的。

偶像的力量是学生选择学习内容的一个重要参考。自 20 世纪 80 年代起，日本为振兴民族体育，为青少年制作了一批优秀的动漫作品，如《灌篮高手》《足球小将》等，这些作品塑造的形象激发了青少年的体育热情，也为日本未来的体育事业奠定了坚实的基础。

在 2016 年法国世界杯中，多名世界巨星曾在采访中透露，自己之所以选择了足球这项运动，完全归功于童年崇拜的偶像"大空翼"（《足球小将》中的角色）。由此可见，青少年的心里崇拜对今后的选择起到了重要的作用，甚至成为他们日后事业中前进的动力。

（2）体育学习过程中的自主性

学生的自主学习过程至关重要。在教与学的过程中，对学生而言，教是一个被动的学习过程，主要意义在于传授和解惑。这个过程往往枯燥乏味，学习效率低并且难以融会贯通。相反，自主学习过程往往充满乐趣，学生有针对性地学习可以让他们在短时间内接触到感兴趣的东西，学习效率高并且通过有意识地反复练习能够迅速掌握知识。

中国自古就有"师父领进门，修行在个人"的谚语，非常明确地表达了学生自主学习的重要性。同时我们还要看到，学生的自主学习不仅是一种动力，还是一种创造力，是一个突破瓶颈的契机。学生的自主学习在本质上就是一个练习、探究的过程。

（3）体育学习过程中的能动性

任何学习过程都是一个动态的过程，一个优秀的学生会在质疑的前提下去认同所学到的知识，并不断去探寻真理，去发展、变革现有的知识体系。

体育赛事有着它独特的魅力，没有必胜的一方，只有更强的一方；没有亘古不变的战术，只有随机应变的战略。体育教师不但要让学生掌握正确的训练方法，更应该鼓励学生去创新、去尝试。

众所周知，美国职业篮球联赛在几十年间，其比赛规则较最初已发生了巨大变革。正是由于球员在训练、规则研究、战术安排等方面的突破，使得比赛规则越来越细化。现代体育教学中越来越重视反馈原理，学生在接受教育、训练的同时，体能、运动技能和竞赛技巧都在发生变化。学生应将自我发展的需求反馈给教育者，并在与教育者的共同探索中寻求突破。学生的能动性不但可以激励自我的发展，更能够对体育事业的发展起到促进作用。

2.创新教学方法，有助于发挥学生主体性

（3）进行统一和针对性教育

学生的身体素质千差万别，兴趣爱好各不相同，如何统一地进行体育教育？哪些部分适合进行统一的教育？如何用统一的标准去考核学生？哪些标准适合统一？这应该是每个教育工作者应该思考的问题。

随着体育教学的不断改革和发展，越来越多的教师意识到，统一的教学方式往往只适合基础较差的学生，而当学生自身层次水平提高的时候，富有针对性的教育显得更为适宜。统一的教育可以让更多的青少年拥有健康的体魄，而针对性的教育则可以让青少年的不足之处得到良好的弥补。因此，两种教育方式相辅相成，缺一不可。

（4）确认教学效果

一名合格的体育教师，不仅要按照计划去教学，更要对学生的学习效果进行跟踪记录，对自己的教学方法进行总结，通过与学生的互动，提高自身的教学水平，帮助学生达成计划目标。

效果确认分为两种，即教学期间的成绩确认和学期末的成绩确认。体育成绩固然重要，单纯地追求最终成绩不利于学生的成长。通过将教学目标进行分解，相应地在各阶段进行的效果确认，不但利于学生清晰地看到自己的成长，增强自信心，更有助于学生达成最终的考核目标。

（5）高度重视学生的学习方法

让学生找到适合自己的学习方法是使其发挥主体性的一个关键环节。就目前而言，想要将学生单纯、被动的学习方式转变为多元化的学习方式，就应当将"探究性学习"和"自主性学习"融入体育教学之中，使学生逐渐形成一种新型的学习方式，即自主、独立发现问题，然后对问题进行分析、调查、处理、交流等，从而培养学生自主探索的创新意识和精神。

二、体育教学中学生的现状分析

（一）身体素质水平相对较低

我国目前所面临的较为严重的一个问题是学生身体素质水平普遍较低。造成这一问题的主要原因有两个：一是学校对文化知识学习过于重视；二是当前娱乐生活比较丰富。这在一定程度上，使学生忽视了体育锻炼，从而降低了学生参与体育锻炼的频率，最终导致了学生身体素质水平较低的情况。短时间内不会出现什么消极情况，但从长远来看，会给学生的学习生活以及个人今后的发展带来极大危害。

（二）体育理论知识相对比较匮乏

造成这一现象的主要原因有两方面：一方面，体育理论是普遍容易被轻视的内容；另一方面，体育理论与体育运动相比，显得无比枯燥、乏味，使学生丧失了学习兴趣。

体育理论知识主要包括体育锻炼卫生、体育锻炼保健、体育基本历史等。因此，学生对体育理论知识的缺乏，无非是对上述内容的缺乏。体育理论知识是一项重要的内容，不可以忽视。因为它是学生开展体育活动的基础。

（三）体育锻炼的意识相对薄弱

体育教学虽然早已被列入必修课程，但是学生的体育锻炼意识并没有形成。学生只是在课堂上接受了体育教师所讲授的相关体育理论课程，但很少将其进行实践。如此一来，便严重影响了学生对这些所学体育相关知识和技能的掌握，使学生的综合能力不能得到很好的培养。这直接阻碍了我国体育教学目标的实施和实现，影响了我国人才的进一步培养。所以，对于体育锻炼的意识问题应当重视起来，并在此基础上，适时采取多元化手段进行解决。

三、体育教学中学生的全面发展

（一）贯彻科学教学思想

树立先进的教育观念是促进学生发展的必要条件，因此，首先需要做到的是贯彻科学体育教学思想。目前"终身体育"和"以人为本"是我国体育教学的主要思想。在将"以人为本"作为体育教学指导思想的前提下，教师应逐渐树立起以学生为中心的观念。教师应了解学生的兴趣，为他们制定适宜的教学内容以及教学目标。

除此之外，要将"终身教育"融入现代体育教学之中，将体育锻炼的理念融入学生的日常生活中，从而不断推进我国现代体育教学的创新。

教学观念的转变能够极大程度上调动学生对体育学习以及锻炼的积极性和主动性，从而使学生在智力方面也得到一定的开发。学生获得了学习的热情，拥有了创新以及自主的学习能力，就能够更好地进行体育的学习。

（二）通过体育教学改革提升教学效果

现代体育教育的改革对于高校学生今后的发展极为重要。那么首先需要做的就是将现代体育教学内容变得多元化，且在此基础上运用现代化的教学手段和教学方法对我国高校体育教学内容进行补充。

四、体育教学中学生的管理

（一）学生管理原则

1. 增强体质原则

使学生体质得到有效增强是对学生进行管理的根本目的。判断一名学生是否具备良好的体质水平，相关的参考标准主要包括以下几点。

①学生每年的体质调研情况。

②《国家体育锻炼标准》通过的人数。

③学生的健康状况。

④学校相关领导对学生体质状况的重视程度。

⑤体育研究室在增强学生体质中发挥的作用。

⑥体育教学的质量。

⑦课外体育活动开展情况。

2.增进健康原则

第一,在经常参加体育运动的同时,还需要对运动量进行合理安排,在运动负荷适量的情况下进行各项体育锻炼。

第二,学生之间是存在差异的,这一点是不容置疑的。在体育锻炼中,男女之间也是存在巨大差异的,因此最好将其分开进行。

第三,保证每个学生每天都能有至少一小时的时间进行体育锻炼。

第四,每个学生每天应保证八个小时的睡眠。

3.全面发展原则

在体育教学中,对于学生的管理应该完成体育教学、体育训练活动、体育竞赛等任务,全面提高学生的身体素质,促进学生各器官各系统功能的完善。另外,还应该培养学生的运动美、体态美等,从而在最大程度上促使学生获得全方位的发展。

(二)学生管理内容

1.体质健康管理

在学校体育教学中,应该定期对学生进行体质健康检查,而这项体质健康检查的工作应当由体质健康检测组织机构完成。除此之外,还应当把健全组织机构与制订高校体育教学工作计划相结合,定期为学生进行全身体检,其中,身体形态发育水平、身体素质与运动水平、生理机能水平等,都包含在检查内容之中。

除此之外,有关管理部门应该建立并健全学生健康管理制度,对学生定期进行检查,同时将检查的结果归入学生档案之中。

2.课堂纪律管理

(1)对学生提出严格的要求

①应穿适合运动的服装和鞋子。

②不应携带尖锐以及易燃易爆等各类危险物品。

③应当做到不迟到、不早退。

④上课过程中应当认真听讲。

⑤积极配合教师的各项组织活动,且在此基础上认真练习各项目基本动作。

⑥应当做到团结友爱,互帮互助。

(2)搞好课堂纪律

①学生的自觉性是体育教师在教学过程中应当注意培养的方面。

②学校应当给出明确的规定,确保学生能够配合体育教师所提出的各项合理要求。体育教师有必要在每节课后对学生的各项表现进行总结,以便确保拥有较好的课堂纪律,并以此促使学生养成遵守课堂纪律的好习惯。

(3)对体育骨干进行重点培养

骨干的培养是极其重要的,即便是在体育教学中,也是一个相当重要的环节。因为体育骨干能够帮助教师更好地完成教育任务,达到教育目标,能够维护好课堂纪律,从而使体育教学质量得到大幅度提高。

(4)要保证良好的教学层次

在教学过程中,体育教师应当格外注意,教学目标的制定需要根据每个学生的身体情况而定,且在此过程中,体育教师应当使用有效的手段和方法使学生在心情愉悦的状态下达成目标,从而提高教学质量。

3.课外体育活动管理

(1)需要性原则

愿望产生的直接方式是需要,这种力量是人们进行各种活动的内驱力。对于学生而言,提高现有技能水平、强身健体等都是他们所向往的,也可以说都是他们所需要的。所以参加体育活动能够在一定程度上满足他们的这些需要。

(2)多样性原则

大部分学生对运动项目还是比较喜欢的,且大都属于自觉行为。所以教师在进行课外体育活动项目安排时,应当以学生的实际需求为活动安排依据,除了选择一些对学生健康起到促进作用的运动项目,还应当选择学生感兴趣的运动项目。

(3)指导性原则

虽然学生会自发参加课外体育活动,但这并不代表其可以随心所欲。体育教师应当担负起教师的责任和应尽的义务,指导学生正确选择运动项目。对于不适合的项目,体育教师应当及时制止,并帮助学生选择适宜的项目,从而提高学生的体质水平。

(4)可行性原则

在进行课外活动项目安排时,体育教师还应当遵循可行性原则。在考虑到学生实际需求后,还应当对学校现有情况进行思考。就目前而言,我国大部分高校的体育锻炼基础设备都得到了较好的完善,对于学生体育基本需求的满足是没有问题的。

(5)激励性原则

体育教师在授课过程中可以通过正确的激励方式激发学生对体育运动项目的兴趣,使学生能够积极参与到其中。学生能够养成锻炼的好习惯也是学校教学诸多目标之一。所以大多数学校都在强调使用激励教学法,使学生能够积极参与到体育活动之中。如奖罚激励、目标激励、竞赛激励、考评激励、关怀激励等,都是目前高校使用较为普遍的激励教学法。

4.学习评价管理

(1)教师对学生学习的评价

①标准测验与非标准测验法。

a.何为标准测验?其主要由专家来进行研究,最终制定出较为统一的标准。标准测验是运用统计的手段,根据考试的相关理论,按照科学程序设计、实施的考试,从某个层面而言,它属于一种客观性考试,且有统一的标准。经过测验之后,将最终结果与标准进行比较分析,就能得知被测试者的情况。

标准测验评价的优点:评分标准具有代表性,评价目标明确,能够帮助学校或是学生了解自己在全国或是地区成绩的排名等。除此之外,标准测验试题在内容选择以及评分等各个环节都有较高要求。因此,这种测试是具有科学性、可靠性以及代表性的。

b.对于教师而言,非标准测验是教师自行掌握或是自己制定标准的测验。这种测验方式具有一定的局限性,只能对本校以及本班学生的知识掌握能力和基本技能进行测定。所以我们通常将非标准测验视为相对评价。

在评价过程中,如是否适用于定性评价指标、是否便于教师的灵活掌握、是否难以标准化等都是其所包含的内容。从宏观上来看,非标准测验可以分为两大类,一类是等级评价,另一类是分数评价。

②成绩定级法。根据学生对教学任务的完成情况而制定的一种级别就是定级。定级通常是把学生的测试成绩用字母或是文字的形式进行表达。细细品味,评价与定级之间是有所区别的。前者所包含的内容更为广泛,主要用于评定学生的学习情况,并将其定级结果汇报于家长、学生、教师以及各相关领导等,并对这一成绩状况予以进一步解释说明。

③体育态度的测量与评价法。简言之,人们对某种事物的喜爱或厌恶情感的表露就是态度。态度并非一成不变的事物,它会在主观或客观情况助力下发生一些改变。态度的测量在体育教学中属于十分重要的工作。因为通过这项测量,我们可以很好地了解到学生对体育教学大纲内容与教学方法的感受,以及

对学生情感上所产生的一些影响，除此之外，还可以作为体育教学方法改革的有力依据。

（2）学生对自身学习的评价

自我评价是学生在体育学习过程中对其表现和态度进行反省的重要途径。学生通过这种方法能够对自己现有情况有较为清楚的认知，可以根据自己的问题所在有针对性地进行分析和解决。学校制定的评价目标就是学生进行评价的标准，它能帮助学生了解自己是否达到了学校制定的目标，且达到了什么程度。

使用该方式的最佳时期是在学期末或是在学年末时，学生并非必须按照学校制定的标准来进行评价，也可以根据自己的评价标准进行评价，学生可以通过对自己的评价发现自己的优点和不足之处。

（三）学生管理方法

1. 奖惩法

（1）给予表现优秀的学生奖励

第一，对在课堂中各项表现突出的学生进行奖励，除此之外，对那些在各种竞赛上获得奖项的学生也应给予奖励。

第二，对于积极主动参与到体育锻炼中的学生要予以表扬和鼓励。

（2）奖励与惩罚相结合

奖励只是学生管理方法中的一个方面，还需要惩罚来予以警戒。教师要做到赏罚分明，学生取得成绩时要对其进行表扬和奖励，学生犯错时要给予批评和惩罚。

2. 隐性管理法

（1）动作启发法

体育教师的走动、表情、手势动作等，在体育教学过程中对于学生而言都是信息的传递，大多时候都是学生在感知这些信号后，对教师的安排予以实施。其中，体育教师的手势起到了一定的引导作用。我们可以将体育教师在教学过程中使用的手势动作视为一种课堂管理的外部表现形式，使学生根据自己的想法去理解和消化知识。

除此之外，体育教师的表情也能起到一定的调控作用。如一个微笑或是一个思考式的点头都能激励到学生，因为这都代表着对学生的赞许，师生间的这种默契互动有利于良好学习氛围的形成，从而促使教学质量得到提高。

（2）情感交流法

部分学生在体育教学过程中会出现一些负面情绪，这些负面情绪对教学质量的提高会产生一定的阻碍。那么，这些负面情绪产生的主要原因是什么呢？即教师讲授课程的方式不正确或所讲的内容过于乏味，十分枯燥。这样，学生就不会对教学内容产生过多的兴趣。因此，体育教师应当做好备课工作，在使用多元化教学方式和手段的基础上，增加与学生课堂互动的频率，从而将预定教学计划更好地完成。

（3）视觉暗示法

就视觉信号的输入而言，它并不是体育教学中的主要教学方法，充其量是一个辅助教学方法。即便如此，它也能为体育教师的教学贡献一分力量。在快上课之前，学生或是陶醉在课间的闲谈之中，或是沉浸在追逐的嬉笑之中，但如果体育教师在此时用眼神扫视一周，便会形成一种极具力量的吸引力，从而把学生的思绪都集中到体育课堂教学之中。

在进行教学内容的讲解时，视觉暗示法也能发挥作用。此时，体育教师不可只盯着几个学生，要尽可能用期待的目光投向所有学生，做好非语言形式的沟通。不仅如此，教师在提问、示范、分析动作、解答问题时，都要不时地环视前后左右，要给予学生满腔热忱的关注。

教师使用视觉暗示法不仅可以把先要表达的态度、思想、愿望、情感等通过目光传递给学生，还能促使学生专心听讲。特别是对个别上课"开小差"的学生，教师可以使用视觉暗示法使其收回思绪。教师充满赞许的目光可使学生精神振奋，全身心投入学习中来。

3. 柔性管理法

（1）个体要比群体重要

正如世上没有两片完全相同的叶子，在体育教学过程中，体育教师所面对的学生的爱好、性格、兴趣、身体素质等也都存在着一定的差异，所以，只有使用因材施教的方法，才能确保学生不断发展。"一刀切"的方法并非一种科学的教学手段，这也就意味着要以柔性的管理方式将学生之间存在差异这一问题进行相应的解决。特别是在当代教育理念下，体育教师一定要清楚认识到学生间的差异。

近几年，已经有大部分高校根据学生个体的不同特征采用专项教学、分级教学等先进的教学组织形式进行教学。那么，体育教师也可以采用小组的形式进行教学，且在教学过程中，尽量为学生多留一些自我活动的空间。除此之外，教师还可以采取"运动处方教学"模式进行教学。在每堂课后，让学生填写上课时的身体情况，以及各种体会和建议等。之后由教师对学生所填写的内容进行集中分析、评价，从而设计新的"运动处方"。这种授课方式能够更好地让学生对自己所具备的实力有所了解。

（2）内在要比外在重要

在体育教学过程中学习管理方式主要包括两种，即内在和外在。内在管理主要是通过形象感染、激励鼓舞、感情投入以及说服教育等形式对学生的学习产生潜移默化的影响，使学生的自觉行为转变为教师的教学目标，从而强化学生学习的内驱力。这种动机能够产生极大的驱动力，并对学生主动学习起到促进作用，从而提高学生学习体育的能动性和自觉性。外在管理主要是通过物化管理模式进行强制性管理，如课堂纪律、教学要求、课堂常规等。由此可见，将体育教学中的"强制"向"引导"转化是极其必要的，因为主动学习往往比被动学习的效果好得多。

（3）肯定要比否定重要

"肯定"与"否定"是管理工作中常用的两种方法。"肯定"在柔性管理中要重于"否定"。"尊重"从心理层面而言是人类的一项基本需求，这种需求包括两个方面，一方面是自己对自身的认同与尊重，另一方面是别人对自己的尊重。然而，当这些需求无法得到满足时，自卑感、无能感、软弱感等一系列消极情绪便会产生。所以在对学生进行评价时，体育教师应当对其优点予以肯定，从而使学生的心理需求得到满足，进而增强学习信心。即便是最后没有获得成功，教师也应尽量从中发掘"亮点"，使学生能够看到希望。

4. 宣传教育法

宣传教育法作为一种重要的体育教学管理方法，实际上是利用宣传作为主要手段来激发学生主动参加体育活动的，从而在极大程度上帮助体育工作顺利展开。

第八章 新时期体育教学改革与创新思维

创新思维是新时期人才的重要素质之一，体育教学能够成为激发和培养学生创新思维的有效手段。本章分为创新思维概述、创新思维的形成途径、创新思维的特征与训练、创新思维在体育教学中的应用、创新思维对体育教学的影响、基于创新思维的体育教学创新体系的构建六部分，主要内容包括创新思维的含义、创新思维与三步创新法则、创新思维的基础、创新思维的培养途径、创新思维的训练、创新思维在体育教育体系中的应用、体育教学学生的创新思维培养、构建体育教学创新体系，以及体育教学创新体系的主体内容等方面。本章主要对新时期体育教学改革与创新思维进行简要分析。

第一节 创新思维概述

一、创新思维的含义

创新思维活动是一种非常复杂的生理现象，是在人的大脑中进行的。创新思维旨在发挥人的自主创新能力，是一个复杂的系统过程。其是从特异的角度思考，以超越常规的眼光观察，从而提出能够经得起检验，又与众不同的方案、新思路和观点，最终解决问题的思维方式。在人类社会发展的过程中，创新思维是维持创新活动的基础，有着十分重要的作用。

从生理学的角度来看，创新思维是指大脑皮层在原有刺激物作用下，与暂时神经联系回路重新组合、筛选、搭配，从而构成新的联系回路过程。一般情况下，第二信号系统由符号、语言等共同构成，在对创新思维的形成和表达方面起着十分重要的作用。

在含义方面，创新与创新思维存在一些差异。创新思维一般特指思维上的创新，更多地指向新思想、观点、结论、认识等方面的创造或生产。而创新的概念范畴相对比较宽泛和模糊，一般指创造新东西，即某个具体的新事物或一种新的思想。因此，创新思维只是创新的某一阶段。创新思维是研究创新的前提，同时也是创新的起点。在实践过程中合理地、科学地运用创新思维能够产生有价值的认识成果，即创新思维成果。

创新思维的"新"可以从狭义和广义两部分进行理解。

①狭义的"新"。狭义的"新"主要是指新发明的思维活动，如产生新的发现、建立新的理论，其思维成果需要得到社会的认可，并且具有前所未有的独创性，是相对于整个人类而言的"新"。例如，发明家、思想家、科学家等创立的新学说或是为人类做出的巨大贡献等。

②广义的"新"。广义的"新"主要是指在没有现成的思路可供套用时，思考自身所不熟悉的问题，这是相对于每个人而言的"新"。例如，广告工作人员提出新的创意、设计师设计出了一种新的体制、医务人员对疑难病症的诊断治疗、研究生的论文写作与科研设计等。

心理学家马斯洛认为，创新思维的狭义和广义是相对应的，可以归纳为自我实现的创造性和特殊人才的创造性两类。两者涵盖的范围十分广泛，并不存在性质意义上的差别。例如，文学家灵感一闪形成的有关如何再创作出惊世骇俗之作的构思过程，新手在练习写作间通过对凌乱信息资料的再加工而产生的一种新思路，两者之间其实并没有本质意义的区别。但是由于各种因素的影响，每个人的创新水平是有高低之分的。

创新思维是一种思维方式与复合思维类型综合起作用的复杂的思维过程，而不是不尊重规律、不承认界限、单一的思维过程，它并不是胡思乱想的表现。创新思维将逻辑与非逻辑思维进行了有机统一，并综合运用了抽象思维和形象思维，使其充满了逻辑思辨，是人类智力的核心，也体现了一些非逻辑的过程，这两者有时是交织在一起的。创新思维过程要求跳出原有的思维模式，不断加入一些新方法、新原理、新概念、新事实等元素，这也是促成创新思维过程成为一种非逻辑的心理过程的主要原因。

现代思维科学研究专家认为，应大力支持多种思维形式的融合，同时对于多种思维形式的存在给予一定肯定。在现实工作、学习等活动中，积极运用创新思维活动的人们，善于发现思维方式之间的关系，并主动运用之间的联系进行关联性、迁移式的思考，这样他们就能较好地探寻到一些独创的、新奇的解决各种难题的方式。

二、创新思维与三步创新法则

全球化进程的加快,推动了科技知识的发展,如今,国际竞争日趋激烈,创新人才的培养是科技创新形成竞争力的关键。从根本上来看,创新人才的培养就是要培养人的创新意识和创新能力,使其以创新的眼光去发现问题、探索问题。

从逻辑的方面来看,创新思维主要是指思维主体运用已有的思维形式组合新的思维活动。创新思维可以通过后天的学习得到,而非人与生俱来的,一个人创新思维的形成和发展,还包括社会环境、教育作用和个人努力等方面的影响。我们可以将其归结为三步创新法则。

(一)发现问题

在日常的生活和学习中,要善于发现问题,积极寻找问题产生的原因。问题是科学发现的钥匙,由于每个人认知水平、知识积累不同,因此所提出的问题也有所不同。为了保证所提出的疑问基于正确的人文自然,这就要求人们必须重视知识的积累,不断学习、探索,提高自身最基本的认知度。

(二)分析问题

分析问题强调身处问题之中,需要通过实践去发现自然规律,通过感知去分析问题。在分析问题的过程中,必须以科学的思维和洞察力抓住问题关键,透过现象把握事物的本质。

要重视思维定式对解决常规性问题的积极意义。人们通过不断学习积累经验,不仅是对自觉的认识和理解,还是对客观事物的认识和理解。此外,思维定式在创造性解决问题方面会在一定程度上束缚人的思路。因此,在分析问题的过程中,应有意识地从原有思维定式不同的角度进行思考,打破思维定式的束缚。

(三)解决问题

解决问题是通过对分析问题的思维轨迹不断修正,从而使问题分析接近最终目标。只有自身有了对创新的理解,才能真正体现出解决问题的独创性,其是一种无法复制的思维过程。

第二节　创新思维的形成途径

一、创新思维的基础

（一）创新思维的思维习惯

创新思维的思维习惯包含创新意识、推理意识和解决问题意识的习惯。创意意识越明确，越能激发产生新的假设和构想，多思维多智慧，提出的假设和构想必然就越多，因而出现领新标异的理念设计就越多。

推理意识是创新思维不可缺少的组成，创新思维活动要求不能只是就某个事物孤立地进行分析和研究，而应该把各种事物，哪怕是风马牛不相及的事物联系起来，加以综合思考，因此推理意识就成了创新思维的一个重要因素，推理意识的培养是创新教育的一个重要环节，推理意识的培养要求学生养成善于把大量的事实进行组织、整理并概括、总结的习惯。

解决问题的意识主要表现为信息转化的意识。恩格斯曾把自然、社会和思维的转化运动归结为三条一般的规律，即质变、量变规律，对立统一规律，否定之否定规律。人类在认识自然、社会中，信息转化的工作是非常复杂的，经常会出现"山重水复疑无路"的困境，解决问题的过程往往是由未知变已知、已知变未知再变已知的过程；由否定变肯定、由肯定变为否定再变肯定的过程；由不可能变为可能、由可能变为不可能再变为可能的过程。

（二）创新思维的发散性思维

创新思维的发散性思维主要是指，在分析问题的过程中，从多个角度和方向进行思考，从而提出多个方面的解决方案。

发散性思维具有以下两个特征。

1. 发散性思维的变通性

发散性思维的变通性反映发散思维有发散、迁移、升华的特点。变通性的培养实质上是培养学生的一种终身受用的学习能力。

2. 发散性思维的多端性

发散性思维的多端性反映发散思维具有发散、流畅、敏捷的特征，要求思维者多向观察、横向比较。

①可以由教师给学生输入一个信息，学生根据这个信息和掌握的知识，在教师的启发下，获得新知识。例如，在学习杠杆的知识后，教师给学生出示老虎钳，让学生指出这把老虎钳所涉及的物理知识及用途，并激发和鼓励学生竭尽所能，给出尽可能多的答案。

②可以在解决某一问题的过程中，充分发挥学生思维的不成熟性，或者说是不固定性，让他们设计出更多的方案。例如，教室里日光灯坏了，请学生列出可能的原因，并由教师当堂修理，这样既培养了学生思维的多端性，也培养了学生思维的流畅和敏捷的特质，还让学生经历了多向观察、横向比较的认知过程。

（三）创新思维的求异性思维

求异思维表现为在解决问题的过程中，当依据原有的事实、原理已经不能达到预期目的时，能够提出与众不同的设想方案，从而有效地去解决问题。求异思维具有独特、立异的主要特点。

1. 独特

独特主要是指在解决问题的过程中要不拘泥于一般的方法、原则、原理，而能应用与众不同的原理、方法和原则，使问题合理地解决。

2. 立异

立异主要是指不满足于已知的结论，而标新立异地提出自己独立的见解。在"立异"这一创新思维的培养过程中，曾有教师用这样的众所周知的例子来引导学生敢于"立"，即亚里士多德断言"物体从高处下落时，其速度与它的质量成正比"，这一理论在古老的欧洲大陆横行了两千多年，而意大利物理学家伽利略却认为这个结论是错的，他通过比萨斜塔实验推翻了亚里士多德错误的理论，发现了自由落体定律。

（四）创新思维的非逻辑性思维

强调遵循思维规则，对事实材料进行分析，通过一步一步地推理，从而得出科学的结论，这是逻辑性思维。创新活动是需要逻辑思维的，但善于逻辑思维的人，不一定善于创新，在创新活动的关键阶段，非逻辑思维甚至起着主要作用。思维的非逻辑性包括直觉和灵感。

1. 直觉

直觉又叫直觉思维，指的是对问题的一种突如其来的领悟或理解，在这种思维过程中，思维的中间环节被忽略了。直觉思维可以引导人们敢于进行非逻辑性思维。

2. 灵感

灵感是指人们以全部精力解决问题时豁然出现新思维的顿悟现象。它通常与创新思维活动中那些最重要的、最有决定性的因素联系着。灵感是长期思维积累的结果，只有经过专心忘我的思考过程才有可能产生顿悟。

孙子有云："凡治众如治寡，分数是也；斗众如斗寡，形名是也。"只要教育工作者始终立足创新思维的培养，善于创新的学生就会涌现，善于创新的民族将永远屹立，善于创新的国家将有解决一切问题的创新能力。

二、创新思维的培养途径

（一）建立平等融洽的师生关系

教育工作者应善于营造能够使学生受到激励和启发的自由、民主的课堂氛围，引导学生在和谐的人际关系中产生一系列新的设想。当学生处于精神振奋、心情舒畅的学习环境中，才能更好地吸收知识、开拓思维。融洽的师生关系是激发学生求知欲望的关键因素之一，因此在日常的学习中，教师必须充分发挥教学环境的作用。

（二）转变教育观念

近年来，我国一些教师受应试教育的束缚，较难在充实自身知识储备的基础上转变教学方法，大多数采用满堂灌的方式进行教学，阻碍了学生创新思维的培养。因此，教师必须激励自己不断探索，转变得过且过的思想，利用各种新式教学方法满足学生的求知欲望，从而形成良好的循环体系。

（三）引导学生善于提问

在课堂教学中，教师应积极提出问题并鼓励学生开拓思维，多层次、多方位、多角度地发问。

1. 要在答疑过程中启发学生思考

在教学过程中，教师不应代替学生思考，而应引发学生思维，启发学生思考，拓展学生的思路，从而起到加深学生印象的作用。

2. 要多方位优化教学方案设计

独立思考是培养创新思维的前提，因此教师在教学中应注意从多角度设计各种情境，引导学生形成逆向思维、横向对比等思维。学生充分运用已学的知识不断进行探索，从而培养自身的创新思维和创新能力。

第三节　创新思维的特征与训练

一、创新思维的特征

创新思维的本质特征在于"新"。创新思维的过程，就是遵循一定的计划，结合目的性，在大脑中勾勒出新东西的历程，它涵盖了创作构建新的思路、设计新形象、制定新规划、绘制新图样、发明新技术、锻造新产品等。

创新思维与其他思维类型略有不同，它是人类智慧的集中体现。其主要特征包括以下几个方面。

（一）独创性

创新思维的独创性就是指"标新立异"，即独有性、唯一性、新颖性、开拓性。独创思维能力是形成创新思维能力的前提。在创新思维过程中，存在着各种各样难以解释的现象和问题，这就要求人们必须积极主动地去思考解决问题的方法，并找到自己的方法。

（二）批判性

怀疑和否定是创新思维的前提，也是其本质特征之一，又被称为反思性。为了突破传统的认识框架，必须不断地反思前人设定的界限，对传统的思维模式进行批判，从而开拓新的认识天地。创新思维是一个在肯定中否定，在否定中开拓前进的发展过程。在认识过程中，创新思维的批判性既要主动地予以创造，又要充分认识主体批判性是如何对待现有的认识成果的。是否具备批判意识决定着我们能否在认识过程中提出有价值的问题。问题本身才是思维创新、认知观念变革的最主要依靠点。

（三）整合性

整合性主要是指在对问题进行拓展性思维研究的基础上，再运用整体思维去解决相关问题，从而得到最佳方案的过程。创新思维是在社会实践的基础上进行的，因此不能完全脱离外部社会环境。根据思维社会学原理可知，社会关系与创新思维存在着制约关系。

（四）灵活性

灵活性主要是指在思维活动中，创新思维能够根据客观情况的变化而变化，主要包括以下三个方面。

①思维起点。从不同角度思考，并运用多种方法解决问题。

②思维过程。从分析到综合，再到分析，做到灵活调度。

③思维结果。问题往往存在着多种解决方式，具有灵活性。

创新思维所具备的灵活性不仅能迅速地开拓人们的思路，从一个意境快速转换到另一个意境，还能充实人们的知识储备，并能随着实际情况的变化改变课题。

（五）深刻性

深刻性主要是指创新思维的深刻程度，主要表现为思维主体在思维的方式上综合灵活和在思路的探索上求异发散，因而能揭示事物的非常规活动规律，不仅能够揭露现象产生的原因，还能透过问题的现象而深入其本质。思维具有深刻性的创新者善于预见研究的进程和结果，从多方面和多种联系中找问题，能够深刻思考问题，知识的迁移能力较强，并且具有总结和运用规律的自觉性及整合分析能力。创新思维的深刻性是一种创新思维的程度，取决于创新主体或创新者思路的发散性和灵活性，其注重从问题的本质根源出发探究深层次的因果关系。

（六）广博性

近年来，现代科学技术呈现出一种高度综合和高度分化相融合的趋势，创新者为了迎合时代发展的需求，必须具有广博性的特点，即广泛性和博学性。创新思维中的广博性主要体现在以下几个方面。

①在不同的知识领域内要不断进行创新，博采众长。

②在思考问题的角度上要多样化。

③拥有完善的知识体系。

科学家都具有思维的广博性，因此应当深刻理解创新思维的深刻性特点，做到发散思维的同时，积累广博深厚的知识。

（七）发散性

发散性主要是指善于从多个角度看待和思考问题。创新思维的发散性特征主要表现在以下几个方面。

①"机智的发散性"，即对一个问题尽可能给出多种解决方案或多种预想。

②"机智的变换性",即遇到问题能够变通地转换。
③"机智的创优性",即能够在多种答案中尽力寻求最佳的路径。

(八)前瞻性

前瞻性主要指对事物的发展趋势进行思考,并以积极主动的态度去面对这种趋势的来临。以知识经济为例,它是人类生产关系的一场大变革,也是一种全新的经济形态。知识经济社会的来临是必然趋势。与过去的经济相比,这种新的经济具有许多优势,如风险管理的机制与方法空前发展、经济活动中反馈作用增强、生产的社会化程度空前提高、成为经济活动最主要的要素,以及知识和信息的作用显著。

(九)立体性

立体性主要是指创新思维的立体思维,主要包含以下三个方面。
①面性思维。面性思维主要是指思维从面上展开,即面对问题,需要考虑其主观、客观各方面的影响因素。
②线性思维。线性思维主要是指面对问题,由原因想到结果或是根据结果推测原因。
③三维空间。当思维跃出平面会形成立体化空间,使知识能量得以充分发挥,由此思维获得扩散和转换的机会。

二、创新思维的训练

(一)掌握创新思维原理

1. 群体机智原理

群体机智原理主要是指在弥补个人创新能力不足的情况下,可以通过多种形式汲取群众的智慧,如讨论、辩论和争论等。

2. 流动原理

流动原理主要是指创新思维的运动会随着人类认识活动的深入而变化,主要表现为以下三个方面。
①按思维能力结构层次的变化流动。
②按个人兴趣爱好的变化流动。
③按个人自我发展的需要流动。

3. 压力原理

压力原理主要是指将外在的压力转化为自我克服惰性的动力，并使其成为推动创新的最大助力。

4. 调节原理

人类的认识活动无时无刻不在变化，这就要求人们必须根据实际情况和创新活动的需求，不断调整目标。

5. 整合原理

整合原理主要是指各种心理因素高度且有机整合，如思维方法、思维形式、意志、情感、理想、信念、求知欲、兴趣等，是主体思维、思想、心理等意识活动的综合表现。

（二）遵循创新思维法则

①移植法则，即通过移植结构和模拟演示进行创新。

②强化法则，即通过强化技法和目标进行创新。

③综合法则，即通过思维交融进行创新。

④逆反法则，即通过逆反思考和对应思考进行创新。

⑤还原法则，即通过抓住关键、提纲挈领进行创新。

⑥离散法则，即通过分解要素、解剖认识进行创新。

⑦造型法则，即通过外观、结构、色彩造型进行创新。

⑧换元法则，即通过更换材料和方法进行创新。

⑨组合法则，即通过附加组合和异类组合进行创新。

（三）运用创新思维方法

1. 联想思维

联想思维主要是指从一个事物展开联想，如相关的另一个事物、可能相连的事物等，从而达到创新的目的。

2. 变换思维

变换思维主要是指通过各种灵活多样的变化，从而达到创新的目的。

3. 加法思维

加法思维主要是指将两种以上的产品、技术或是学说的一部分进行重新组合，从而形成新产品、技术和学说。

4. 发散思维

发散思维主要是指从一点向四面八方想开去的思维，即围绕一个中心问题，对其进行多途径、多层次、多角度、多方面的联想，从而寻求新的解答方式。

5. 类比思维

类比思维主要是指根据具有某些相似属性的两个对象，从而选出其中一个已经具有其他属性的对象。

6. 减法思维

减法思维主要是指通过缩减或分割事物的要素，从而达到创新的目的。

7. 迂回思维

迂回思维主要是指在解决问题的过程中，采用拐弯抹角的方法来解决问题，而非采用直接解决问题的方法。

8. 逆向思维

逆向思维主要是指在思考问题时，选择与常规思路完全对立的、完全相反的角度进行思考，从而提出创新的思想。

第四节 创新思维在体育教学中的应用

一、在体育教育体系中的应用

（一）教学评价体系的改革

对教学评价体系进行改革是验证创新思维在教学活动中应用效果的手段之一，主要包括以下两个方面。

①确定评价的具体内容。由于体育项目具有实操性的要求，且体育教学体系内容十分复杂，因此在对具体项目活动进行设计时，可以给予学生自由组合的空间，使其充分发挥创新思维，既不设置活动的目标，也不设置成绩，从而检验学生在活动中的创造能力。

②理顺评价的步骤和流程。这一部分要求教师必须在充分了解了授课内容的前提下制定评价的具体内容，从而防止评价工作脱离教学的主题。

由此可知，教学评价体系的改革没有固定的评价模式，属于动态管理的过程，教师可以根据自己对教学内容的理解选择重点内容作为评价体系的内容，这也是教学评价针对性的集中体现。

目前，我国大部分高校的教学体系仍然存在"墨守成规"的问题，这就要求其必须在教学体系中融入创新思维的教学方式，采用讨论式和启发式的教学方法。在教学过程中，教师应重视培养学生独立思考的能力，使其在教学中发掘自我价值，完成自我能力的提升，从而增强学生的自主创新意识。

（二）教学氛围的营造

学生在自由、舒适的教学环境中能更好地发散思维、调动创新意识。教学氛围作为创新思维应用的软条件，是激发学生创造性和积极性的关键因素，主要可以从以下几个方面入手。

1. 安全心理环境的创造

安全心理环境主要是指从心理层次的角度出发，为学生营造一个压力较小、能够充分感受教育自由的环境。这就要求教师在教学过程中，应适时地对学生予以引导、表扬等，从而引导学生解决学习问题。

2. 愉悦教学环境的创造

在教学活动中，教师应善于利用合作的学习方式，鼓励学生敢于提出自己的建议，活跃教学氛围，为学生提供一个能够充分发挥创新思维作用、畅所欲言的教学环境。

3. 阶梯问题情境的创设

在提出问题和解决问题的过程中，教师应对学生给予一定的引导，使其在获得知识的同时，心理层面也能得到一定的拓展。一般情况下，教师可以采用层层递进的方式进行教学。轻松、活跃的课堂氛围，能够有效调动学生的创新思维。

除此之外，教师在营造教学氛围时还应注意鼓励学生参与到教学中来，将学生作为教学活动的主体，给予学生更多参与的权利。

（三）教育观念的转变

传统的教学理念仅仅要求学生掌握课堂的基本知识和相应的技能水平，以篮球运动为例，传统的教学只要求学生掌握篮球比赛的基本规则和基本动作，如防守、进攻等，而忽视了基本规则和动作在篮球比赛中的运用。因此，将创新思维应用到体育教学体系中时，需要对现有的教育观念进行转变。教师以交流者、帮助者的身份保证学生在掌握基础知识和技能的基础上，引导学生进行独立思考，自我构建新的知识体系，完成自我能力的提升。

（四）教学手段的更新

教学手段的更新是创新思维融入体育教育体系必须具备的硬条件，也是保证教学质量的关键。由于单一的教学手段会导致教学思维固定，降低教学效果，因此必须在传统教学手段的基础上融入创新思维，使其符合当代大学生的需求，才能有效提高教学的实效性。

二、在体育教学中运用创新思维的意义

创新思维在体育教学中的应用，有利于我们从新的思路和角度去寻找解决办法，突破思维定式。在我国各层次的体育教学中，体育课程一直被作为辅助学科之一，难以得到教育界及社会各界的高度重视，进而导致教学研究工作处于相对滞后的状态。体育教师只有适应时代发展的需求，逐步研究与探索创新思维法，才能更好地满足现代体育教学的新型标准与要求。

目前，我国体育教学正处于走向科学化的发展时期，改变了单纯传授体育基本知识和技能的模式，创新思维促使体育教学进入创新思维的培养与发展时期。学生在体育活动中，不仅要依靠自身想象力、观察力、记忆力、注意力等智力因素，还受许多非智力因素的影响，如性格、动机、情感、兴趣等。因此，教师必须重视调动学生的创造性和主动性，激发学生的学习热情，转变学生"要我学"的学习态度，充分开发学生的智力。

（一）引导分科施教向综合教学方向发展

在体育教学中融入创新思维是更新与完善课程组织形式的基础，也是将分科施教向综合教学转变的关键因素。体育教师可以在活动课程、核心课程、广域课程、融合课程等课程中融入创新思维。

（二）从整齐划一到注重学生个性与创新

创新思维法在体育教学中必须以学生为主体，由于学生在身体发育和心理成长方面存在着较大的差异，相对单一的传统体育教学方法限制了学生创新思维的培养，已经无法适应当代学生个性差异发展的需求。因此，必须让教学活动主动适应学生的个性差异。

（三）积极应用创设情境法

在运用创新思维的过程中，教师要注意课堂情境的创设，从而使学生在生动的情境中产生运动的兴趣，体验运动带来的满足感，充分享受运动的乐趣。

（四）建立"民主、平等、和谐"的师生关系

教师过于重视传统体育教学方法中学生的同步发展，导致学生的个性发展受到了一定的限制。体育教学与创新思维的融合有利于建立"民主、平等、和谐"的师生关系，还能有效提高课堂教学效率与质量。

第五节　创新思维对体育教学的影响

一、体育教学学生创新思维的影响因素

（一）主观影响因素

1. 多向思维能力

多向思维是相对单向思维而言的，人们在解决日常问题时，往往习惯于遵循某一固定的思维模式，这种"单向性"和"固定性"的特点，容易造成思维惰性和僵化。

2. 联想思维能力

联想思维能力主要是指从一个事物或一类事物联想到相关的另一个事物的能力。发现原来没有联系的两个事物是创新思维的本质，人们想发现其中的联系，联想起到一种有力的引导作用。

3. 捕捉灵感的能力

捕捉灵感的能力是指具有将一瞬间即逝的灵感思维结果及时加工成为创新设想的才能，捕捉灵感的能力是创新能力的重要环节。灵感的产生同艰苦的思维劳动、丰富的知识与实践经验以及信息的刺激触发等因素有关。及时记录灵感思维的内容，防止稍纵即逝；保持思维活力并及时向纵深发散思维都是捕捉灵感的好方法。

（二）客观影响因素

人的创造活动受到环境的影响，这种影响体现在社会生活的各个层次和各个领域，同样体育创新思维作为客观存在的形式之一，也将受到各种客观因素的影响，良好的环境能够提高人的创造力，反之则会抑制创造力的发挥。

1. 社会环境

作为社会的成员之一，总是生活在一定的历史条件下，这种社会历史条件成为一个人的能力发展的背景。

2. 体育环境

体育环境就是对体育创新活动直接产生影响的客观环境，人的创造力虽然和社会环境有直接关系，但创造力的实现还离不开具体的工作环境，它的影响力较之社会环境来讲更直接、更大。

3. 人际环境

人创造活动的团体性决定了人际关系对创造活动产生积极或消极的影响。

4. 信息环境

信息环境在创新过程中极为重要。创新者把吸收来的信息和原有信息综合起来，围绕新目标进行加工处理，形成新的思想和方案，并加以实施，从而取得成果。

5. 实验环境

任何新事物、新成果都需要经过实验验证后方可投入使用，体育创新也不例外，因此，实验环境的优劣与否，也是直接影响创新的重要因素。

二、体育教学学生的创新思维培养

（一）教师和学生形成民主、平等的关系

正确的师生关系应当是一种积极的、合作的关系，即民主、平等的关系，同时也是一种和谐的、主动的、双向的、协调的关系。

在新的师生关系中，教师从领导者转变为指导者，与学生是人格上平等的朋友关系。在这样的环境下，能有效提高学生的创新能力，激发学生的创造兴趣。教师要尊重学生的人格，努力创设一种相对宽松的教学环境，放开学生的手脚，培养学生形成敢想、敢说的习惯。

只有给予学生民主、平等、和谐的空间，才能建立这种新型的师生关系，学生自然会乐于参与、视野开阔、思维活跃、心情愉悦，从而充分发挥其主动性和积极性。当学生的创新意识得到培养时，就会展现出惊人的想象力和创造力。

(二)教师必须富有创新精神

教师是体育教学创新思维的发起者,所以教师应该首先成为一个富有创新精神的人。教师应具备首创精神,具有敢于冒险、以苦为乐的精神。在体育教学中,教师应努力创设使学生能够发散个性思维的教学情境,同时综合运用能够开发学生创造力的各种方法,鼓励学生独立发表见解和独立创造,激发学生学习的主动性,培养学生的创新思维。

教师要为学生提供多种解决发散性问题的方法,引导学生进行独立思考、创新思考,从而达到培养创新思维的目的。这就要求教师必须做到以下几点。

①经常学习和补充最新的体育运动知识和理论。
②平时多学习和积累前辈的成功经验。
③灵活地掌握先进的体育教学理念和方法,并应用到教学实践中去。

(三)教师要对教材进行认真研究

教师要对教材进行研究改进,但是也不能全部否定教材,应在原有教材内容的基础上,根据本学校的场地、器材和学生自身的实际情况,进行一定的改编或添加一些比较有生活色彩和趣味性的教学内容,给学生创造愉快、积极向上、积极进取的气氛,从而培养和激发学生的创新思维和能力。

创新教育是一个民族的灵魂,是国家兴旺发达的不竭动力。它是一个长期的渐进过程,有时创新效果是隐性的,不能及时显现出来,教师不要急于求成,欲速则不达。

作为一名合格的教师应注重学生的学习环境、气氛,以及接受教育的能力的不同,不能一刀切,沿用一个模式,要因材施教。教师要尊重学生个性思想的发展,这样才能培养出具有创新精神的学生。

第六节 基于创新思维的体育教学创新体系的构建

一、构建体育教学创新体系

(一)认清体育教学本质

体育教学是培养学生创新素质的一个重要平台,主要包括创新能力、创新思维、创新意识等方面的培养。在原有的知识基础上,找出新的关系,是培养学生创新意识的重要途径。

只有处在一种民主和谐的教学氛围中,才能更好地完善学生独特的知识结构和培养敏锐的观察力、想象力,以及创新思维能力,从而提高学生的团队合作能力和综合能力。

(二)更新体育教学内容

想要满足社会发展需求、学科之间的发展需求和学生的健康需求,就必须对体育教学内容进行创新。在不忽视体育教学的方法教学的基础上,高校应注重体育教学与健康相结合,培养学生健康的饮食、卫生习惯,保证学生在生理和心理方面的健康。

近年来,我国不断地对体育教学进行改革,但收效甚微,尤其在球类和田径类方面无法打开局面,这就要求高校必须积极引入各种新兴的体育运动,如充分利用各个地区的优势,偏冷地区可以开设花样溜冰等运动。

(三)认清体育教学目标

体育教学是为素质教育目标服务的,因此,我们必须改变当前体育教学的原有思维方式,对体育教学的目标、方法、功能、内容、手段进行重新认识,从而构建出一个面向未来的体育教学体系。体育教学的过程不是学生锻炼身体的过程,单靠体育教学也锻炼不好学生的身体。体育教学的过程是培养学生体育锻炼意识、体育锻炼习惯和体育锻炼能力的过程。体育教学的目标是使学生对体育锻炼有一个基本认识和态度,知道体育锻炼的重要意义,从而培养独立进行体育锻炼的习惯。

(四)创新体育教学评价体系

单纯以"结果"为体育教学评测目标的教学评价体系,已不适合当前我国的体育教学,应从过去的结果式向现代的结果和过程结合式的教学评价体系转变。其中的过程评测在体育教学中占有重要的作用,它是贯穿体育教学始终的一个反馈环节,主要包括学校考评、教师考评、学生自评和学生互评四个方面的内容。体育教学的过程是要培养学生的终身体育思想,只有学生都树立起体育锻炼的意识,掌握一定的体育锻炼知识,养成一定的体育锻炼习惯,才能说体育教学改革取得了良好的成果。

(五)改革体育教学方法体系

现代体育要求,课堂的主题逐步向以方法、动机、活动、经验为中心转移,注重培养学生的独立思考能力和创新能力,让学生在快乐的学习中,发现学习的兴趣,找到加强体育锻炼的方法,从而提高学生的学习兴趣,同时强调学生之间的交互式学习，增强学生的合作意识，提高教学的趣味性，活跃教学氛围，引导学生加强体育锻炼。

二、体育教学创新体系的主体内容

通过针对体育教学改革现状的分析，揭示以往的体育教学中的问题，是为了在继承和发展的基础上有所突破，使其更加适应社会主义现代化建设对人才培养的新需求。因此，体育教学改革要注重创新，笔者主要从以下几个方面进行论述。

（一）转变教育思想

在教学过程中，首先应树立先进的教学观念，充分发挥学生的主观能动性，这是体育教学的前提。其次，增强教师的服务意识，教师应放下身段，更好地服务于学生。教师只有平等地对待学生，学生才能在民主的学习环境中，不断地审视自己，提高自己。

（二）建立新的教材体系

近年来，竞技项目向健康型、娱乐型、竞技型、社会型等多样化方向发展，高校应建立实施性强、体现多种功能、学生喜爱的、符合实际情况的教材体系。同时高校要打破体育技术课与理论课分离的局面，增加理论选修课，把体育理论知识与其他领域的理论结合起来，如开设体育人文学、体育美学等，使学生有更多的机会接受体育知识。此外，高校体育应从学生的实际能力和兴趣爱好出发，设立多种运动项目，注重培养学生自己喜欢的运动项目，并逐渐培养成优势项目，不断满足学生全面发展的需要，从而使学生充分掌握运动技能，为终身体育提供有力的支持。

（三）创新教学方法和手段的创新

在体育教学中，单一呆板的教学方法，难以使学生参与教学活动，抑制了学生的创新思维和创新能力的发展。因此，高校体育教师要重视教学方法和手段的创新。

1. 教学方法的创新

在教学方法上，教师应认真备好教材，备好教案。没有最好的教学方法，只有最适合学生学习的教学方法，教师应根据教学目的、任务以及教学内容等特点，从实际出发，不断创新，始终保持教学的新颖性、生动性、知识性、趣味性、多样性，努力创造轻松、愉悦的学习环境。

2.教学手段的创新

随着科学技术的不断发展和信息技术的广泛应用，各种现代化的视听手段在教学领域中得到了普及，极大地丰富了教学中传递信息的途径，不仅提高了教学效率，而且使得教学形象生动，为学生的学习和发展提供了教育环境和学习的工具。

（四）学评价系统

对于普通学生来说，体育教育的过程比结果更重要。因此，在体育教学中应建立完善的考试评价体系，体育教学考核应采取灵活而合理的考核方式，加强过程考核，以保证对学生考核评价的合理性和准确性。

①在考试内容上，除了考专项技术外，还应包括一定比例的没有现成标准的内容，既重视全面，又重视个性表现和特长，以利于激发学生的创新思维。

②在评价形式上，要打破单一的终结评价模式，采用多种多样的考试形式，注重过程评价和全方位的评价，给予学生充分的想象和创造空间。这样既评价了学生的学习结果，又评价了学生的学习过程。

（五）不断提高教师自身素质

体育教学改革的不断深入，对体育教师提出了更高的要求，面临新的挑战。体育教师只有不断地提高自身的教学能力，才能适应这种变革。因此，体育教师首先要完善知识结构，努力拓宽理论知识面，提高随时应对在教学中遇到各种困难的能力。此外，体育教师要摆正位置，在充分发挥教师主导作用的同时，重视发挥学生的主体作用。

参考文献

[1]马鹏涛. 高校体育教学改革创新与科学化训练研究 [M]. 北京：新华出版社，2018.

[2]阳国诚，林敏，巫文辉. 高校体育 [M]. 南昌：江西人民出版社，2015.

[3]刘铭良，周文军. 高校体育 [M]. 北京：中国铁道出版社，2008.

[4]李伟民. 高校体育改革与发展 [M]. 上海：同济大学出版社，2003.

[5]朱明江. 高校体育教育发展情况分析与改革研究 [M]. 北京：中国水利水电出版社，2018.

[6]王志斌，严红玲，李梁华. 高校体育与健康教程 [M]. 南昌：江西人民出版社，2017.

[7]董波. 高校体育管理研究 [M]. 西安：西安交通大学出版社，2017.

[8]陈荣，曹社华，罗小平. 高校体育指导教程 [M]. 南昌：江西人民出版社，2016.

[9]高谊. 普通高校体育与健康教程 [M]. 天津：南开大学出版社，2016.

[10]李启迪，邵伟德. 体育教学基本理论研究 [M]. 北京：北京师范大学出版社，2014.

[11]王崇喜. 体育课程与教学改革研究 [M]. 郑州：河南大学出版社，2014.

[12]马尚奎，李俊勇. 体育教学导论 [M]. 长春：吉林人民出版社，2016.

[13]王成，杭兰平，虞荣安. 大学体育理论 [M]. 西安：西北工业大学出版社，2014.

[14]黄爱峰，赵进，王健. 体育教师基本技术技能标准研究 [M]. 长沙：湖南师范大学出版社，2014.

[15]龚坚. 现代体育教学论 [M]. 重庆：西南师范大学出版社，2009.

[16]贾齐. 体育课程与教学研究的方法论[M]. 桂林：广西师范大学出版社，2014.

[17]屈连朋，毛坤. 大学体育[M]. 天津：天津大学出版社，2013.

[18]张军波. 高校体育教学环境优化策略的思考[J]. 青少年体育，2018（12）：88-89.

[19]刘明燕. 高校体育场馆设施的经营的特点与管理对策[J]. 体育世界（学术版），2018（12）：36.

[20]杨爱茜. 普通高校体育教学管理的策略性研究[J]. 体育科技，2018（06）：157-158.

[21]王锋，林国平，答英娟，等. 高校体育课程中教学资源开发的研究[J]. 科技资讯，2018（34）：165-166.

[22]马莲，袁琳. 我国高校体育研究前沿和理论演进分析[J]. 体育科技文献通报，2018（11）：172-175.

[23]王伟强. 新时代高校体育教学改革的现实及思考[J]. 当代体育科技，2018（29）：17-18.

[24]邓惠. 阳光体育运动机制视域下高校体育教学改革架构模式研究[J]. 运动，2018（20）：94-95.

[25]陈红军. 高校体育教学环境的重要性及优化策略[J]. 农家参谋，2018（20）：143.